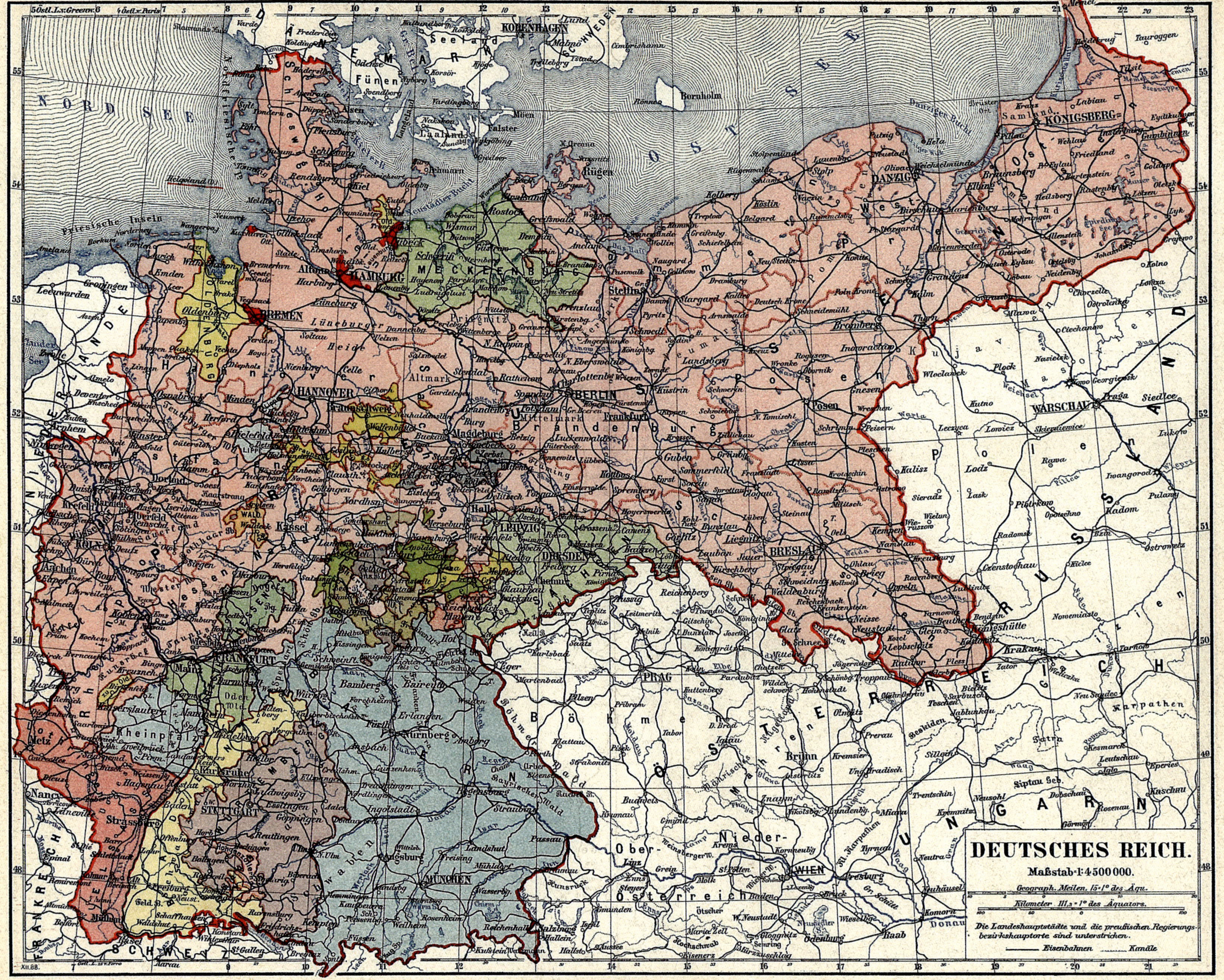

DEUTSCHES REICH.
Maßstab 1:4500000.
Geograph. Meilen 15 = 1° des Äqu.
Kilometer 111,3 = 1° des Äquators.
Die Landeshauptstädte und die preußischen Regierungsbezirkshauptorte sind unterstrichen.
Eisenbahnen
Kanäle
NORD SEE
OSTSEE
BERLIN
HAMBURG
BREMEN
HANNOVER
KÖNIGSBERG
DANZIG
DRESDEN
LEIPZIG
BRESLAU
MÜNCHEN
STUTTGART
FRANKFURT
KÖLN
KOPENHAGEN
WARSCHAU
PRAG
WIEN
SCHWEIZ

DIANA LINDNER

DEUTSCHLAND 1900

EIN HISTORISCHER BILDERBOGEN

Das Deutsche Reich um 1900

INHALTSVERZEICHNIS

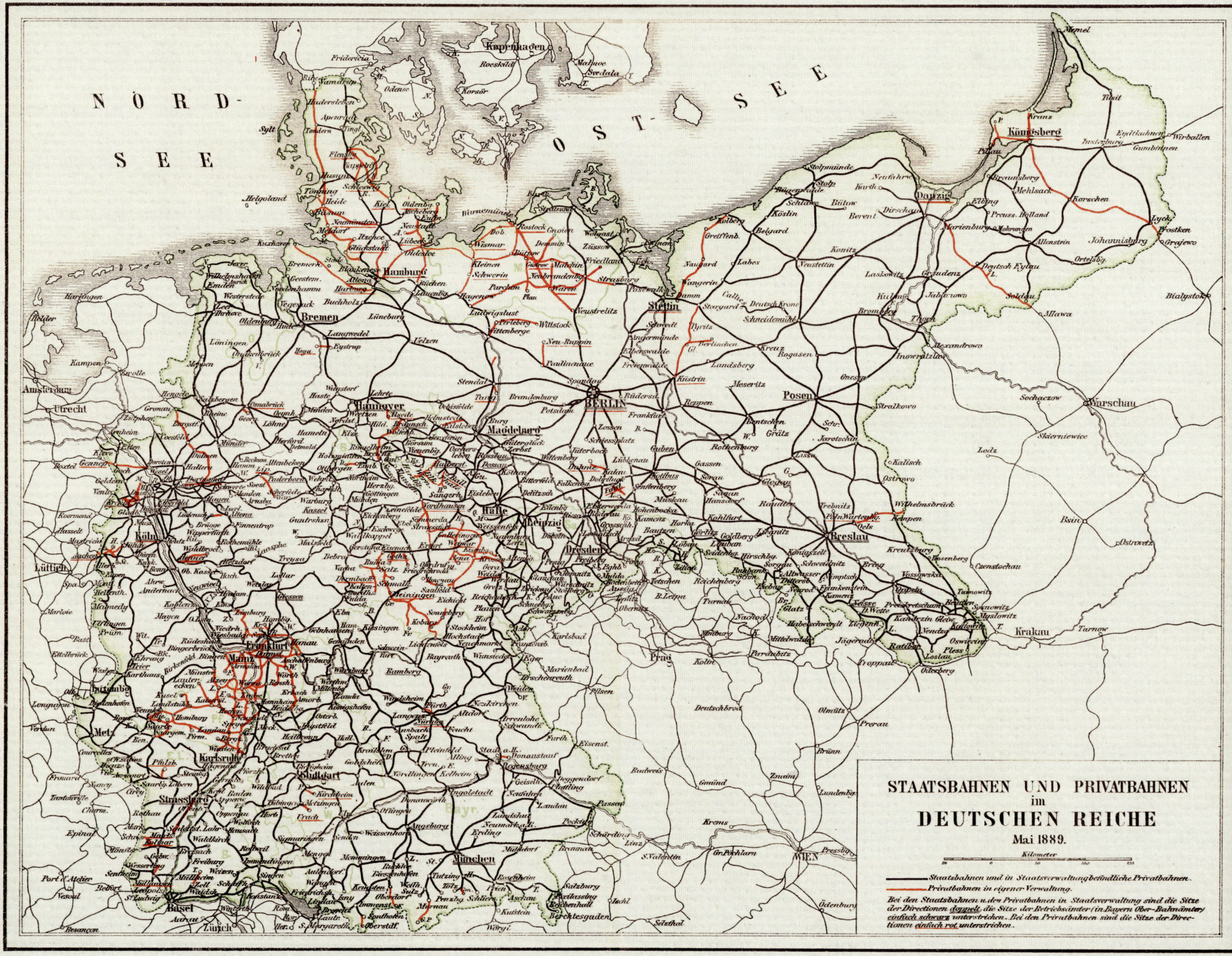
STAATSBAHNEN UND PRIVATBAHNEN
im
DEUTSCHEN REICHE
Mai 1889.
Kilometer
50 0 50 100 150
Staatsbahnen und in Staatsverwaltung befindliche Privatbahnen.
Privatbahnen in eigener Verwaltung.
Bei den Staatsbahnen u. den Privatbahnen in Staatsverwaltung sind die Sitze der Directionen doppelt, die Sitze der Betriebsämter (in Bayern Ober-Bahnämter) einfach schwarz unterstrichen. Bei den Privatbahnen sind die Sitze der Directionen einfach rot unterstrichen.
NORD-SEE
OST-SEE
BERLIN
Hamburg
Bremen
Hannover
Magdeburg
Stettin
Danzig
Königsberg
Posen
Breslau
Dresden
Leipzig
Halle
Erfurt
Köln
Frankfurt
Mainz
Strassburg
Karlsruhe
Stuttgart
München
Kopenhagen
Amsterdam
Utrecht
Warschau
Krakau
Prag
Wien
Basel
Zürich
Metz
Kattowitz
Kiel
Lübeck
Rostock
Elberfeld
Nürnberg
Würzburg
Regensburg
Augsburg
Lüttich
Bialystok
Memel

Hektik auf der Friedrichstraße an einem verkaufsoffenen Sonntag vor Weihnachten auf einem Holzstich von 1897

Eine Reise durch Deutschland

Dem Besucher der Reichshauptstadt Berlin präsentiert sich auf den Straßen um 1900 das Bild ohrenbetäubender Betriebsamkeit: Droschken, Pferdeomnibusse, Fuhrwerke, Karren, bimmelnde elektrische Straßenbahnen tummeln sich, dazwischen Fußgänger, die waghalsig die Straße zu überqueren versuchen, Radfahrer und bereits vereinzelte über das Pflaster polternde Automobile, die wie Kutschen aussehen, denen lediglich die Pferde fehlen. Im Jahr 1900 existiert bereits ebenfalls die dampfbetriebene Ringbahn, Hoch- und Untergrundbahnstrecken befinden sich im Bau.

Dem Berliner des 21. Jahrhunderts mag das Getöse auf der Straße zur Gewohnheit geworden sein. Vergegenwärtigt man sich allerdings, dass der Zeitgenosse des 19. Jahrhunderts, sofern er über 60 Jahre alt ist, sogar noch eine Zeit erlebt hat, in welcher es keine Eisenbahnen, ja noch nicht einmal Pferdebahnen gab, geschweige denn elektrisch betriebene Wagen, so kann man sich vorstellen, dass die technischen Neuerungen des 19. Jahrhunderts – und derer gab es genügend! – nicht nur bejubelt wurden, sondern auch Angst auslösten.

Das Verkehrsproblem in Berlin um 1900 war jedenfalls bereits allgemeines Gesprächsthema, immer mehr Pendler mussten täglich aus den Vororten ins Zentrum bzw. aus dem Zentrum in die industriellen Gebiete der Metropole fahren. Erst Ende 1902 begann erstmals ein Polizist den Verkehr in Berlin an der Ecke Friedrichstraße/Unter den Linden zu regeln, und das nicht nur mit Trillerpfeife, sondern wohl auch mit der Trompete. Die erste Ampel Berlins wurde sogar erst 1924 auf dem Potsdamer Platz aufgestellt.

Nun ist Berlin als Hauptstadt des Deutschen Reichs selbstverständlich nicht zu verallgemeinern, die industrielle und technische Entwicklung in Norddeutschland war eine andere als in Süddeutschland;

Linke Seite:
Das Schienennetz des Deutschen Reichs im Jahr 1889

Ecke Friedrichstraße/Unter den Linden in Berlin mit Blick in Richtung Bahnhof Friedrichstraße

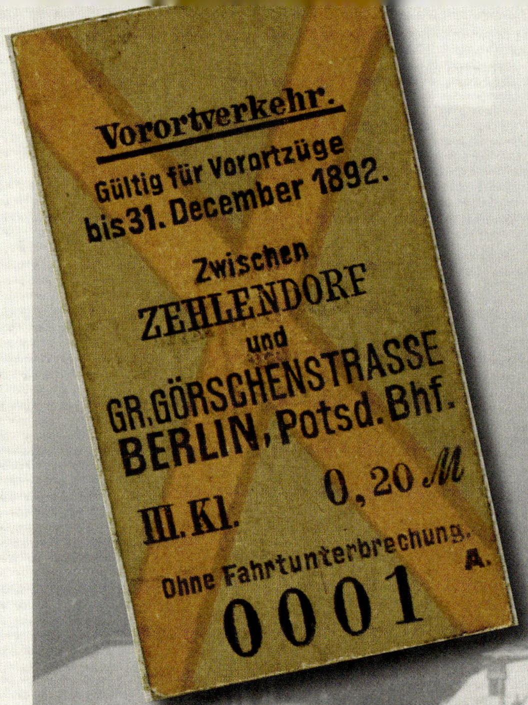

Fahrkarte für eine Fahrt zwischen Berlin-Zehlendorf und dem Potsdamer Bahnhof am Potsdamer Platz in Berlin für 20 Pfennige im Jahr 1892

sie ging in Berlin anders vonstatten als in München oder im Ruhrgebiet oder gar in den Regionen jenseits der Oder. Aber diese Verkehrsszene in Berlin verdeutlicht, warum z. B. der damalige Direktor der medizinischen Klinik der Universität Heidelberg, Professor Wilhelm Erb, das 19. Jahrhundert als ein „nervöses Zeitalter" bezeichnete und die Hast und Unruhe der modernen Zeit für die damalige Modekrankheit der Neurasthenie, der Überreizung der Nerven, verantwortlich machte:

Nun aber tritt in rascher Folge eine Reihe von Ereignissen, Gedanken und Entwicklungen ein, welche der zweiten Hälfte des 19. Jahrhunderts ein ganz eigenartiges Gepräge geben und zu einer so vielumfassenden und mächtigen Umwälzung aller Verhältnisse führen, wie sie die Weltgeschichte in früheren Jahrtausenden noch kaum gesehen hat. […] Gegen die Mitte des Jahrhunderts dämmert das Zeitalter des Dampfes herauf und es tritt die unendliche Verwerthbarkeit der wunderbaren Kraft der Elektricität hinzu: Dampfschifffahrt und Eisenbahn, Maschinen aller Art, Telegraph und Telephon werden von den rapide fortschreitenden mechanischen und technischen Wissenschaften der Menschheit zur Verfügung gestellt; es entwickelt sich in den folgenden Jahrzehnten ein die ganze Welt umspannender Verkehr, von dessen Schnelligkeit, Sicherheit und Ausdehnung die ausschweifendste Phantasie früherer Jahrhunderte sich wohl kaum eine Vorstellung gemacht hat; Zeit und Raum scheinen überbrückt, wir fliegen mit der Geschwindigkeit des Windes durch ganze Welttheile […].

Die Soubrette auf der Gastspielreise, Lichtdruck nach einer Zeichnung von Christian Wilhelm Allers aus dem Jahr 1888

Die Welt um 1900 dreht sich bereits viel schneller als noch 100 Jahre zuvor und das Symbol dieser neuen Zeit ist die Eisenbahn. Sie ist die Erfindung des 19. Jahrhunderts. Sie wird zum ersten Massentransportmittel und eine Fahrt ist um 1900 sogar bereits für weniger begüterte Gesellschaftsschichten erschwinglich. Wer sich eine Reise durch Deutschland zum Ziel nimmt, macht diese selbstverständlich mit der Eisenbahn.

Dabei liegt die erste Schienenlegung noch gar nicht so lange zurück. 1835 fuhr die erste Eisenbahn Deutschlands auf der sechs Kilometer langen Strecke zwischen Nürnberg und Fürth. 1838 folgte die Inbetriebnahme der Strecke Berlin–Potsdam und die erste Fernbahn nahm 1839 ihre Fahrt zwischen Dresden und Leipzig auf. Die Zeitgenossen mussten sich an die neuen Fortbewegungsmöglichkeiten jedoch erst gewöhnen. So schildert Otto Friedrich Wehrhan seine erste „Dampfwagenfahrt" von Dresden nach Leipzig folgendermaßen:

[…] man glaube nicht, dass eine solche Fahrt anfangs eine angenehme Empfindung verursache. Mir wenigstens war, bis ich der Sache gewohnt ward, unheimlich dabei zu Muthe. Dieses Sichhingegebenfühlen in die Gewalt unsichtbarer Mächte, wobei, wenn Unglück sich ereignen sollte, nicht blos Beschädigung, sondern schreckliche Zerschmetterung das Loos sein würde, ferner die wahrhaft infernalischen Töne, die man zu hören bekommt […], ferner das betäubende Gezisch der Maschine, wenn der Dampf herausgelassen wird […], verbunden mit der wüthenden Vehemenz, mit welcher man dahingerissen wird, erweckte in mir ein Gefühl, als wenn ich mit des Teufels Equipage, à la Faust, zur Hölle führe, wozu der Anblick des schwarzgähnenden, […] sich öffnenden Tunnel-Eingangs trefflich passt.

Reges Treiben in der Haupthalle des Anhalter Bahnhofs in Berlin, gebaut 1874–80

Was in den kommenden Jahrzehnten folgte, war ein beispielloser Ausbau des regionalen und überregionalen Schienennetzes. Hatte dieses 1850 in Deutschland eine Länge von etwa 5900 Kilometern, so waren 1871 zur Reichseinigung bereits 21 500 Kilometer zu verzeichnen, im Jahr 1900 sogar 51 700 Kilometer. Bereits 1872 hatte das Deutsche Reich ein längeres Schienennetz als Großbritannien, das Mutterland der Dampfkraft und der Industrialisierung. Durch die Verbesserung der Dampfmaschinen und durch die Senkung des Kohle- und Wasserverbrauchs wurde der Betrieb von Eisenbahnen zumal immer günstiger, was wiederum die Fahrt- und Transportkosten senkte. Auch die fahrplanmäßige Geschwindigkeit nahm immer mehr zu. Zwar waren selbst die 30 Kilometer pro Stunde zu Beginn der Geschichte der Eisenbahn für die Menschen schon eine große Herausforderung, mit der Zeit aber wurden die Waggons überdacht, die Eisenbahnfahrten sicherer und komfortabler. Im Jahr 1900 konnte man bereits mit etwa 100 Kilometern pro Stunde durch die Landschaft rauschen. Und so ist der Vergleich mit dem Jahr 1800 doch ein ganz beachtlicher: Zu Beginn des Jahrhunderts benötigte man mit der Post-

Am 24. April 1837 wurde das erste Teilstück der Strecke Dresden–Leipzig zwischen Althen und Leipzig eröffnet, wie diese zeitgenössische Radierung zeigt.

Reiseführer für Berlin, Potsdam und Umgebung aus dem Jahr 1861

kutsche etwa eine Woche, um die ca. 620 Kilometer von Berlin nach Königsberg zu fahren – und das unter normalen Witterungsbedingungen. Wer nun etwa 100 Jahre später sogar von Aachen nach Königsberg fuhr – mit etwa 1300 Kilometern das Doppelte der Strecke Berlin–Königsberg –, brauchte dafür nur noch etwa 40 Stunden einzuplanen.

Dass dies für die Zeitgenossen eine ganz unerhörte Veränderung und geradezu revolutionäre Neuerung darstellte, kann man so wohl am besten verstehen. Das unbequeme Reisen mit der Postkutsche hatte ein Ende, seit den 1880er-Jahren standen dem Reisenden mit dem nötigen Kleingeld sogar bequeme Schlaf- und Speisewagen zur Verfügung. Im Winter sorgten Warmwasserheizung bzw. Dampfheizung für wohlige Wärme und Gasbeleuchtung für Komfort auch bei Nacht.

Dennoch: Obwohl die Eisenbahn kein so ausgesprochen exklusives Verkehrsmittel war wie das gerade erst erfundene Automobil, so galt das Reisen zu Erholungsorten im Jahr 1900 immer noch als Zeichen eines gehobenen Lebensstandards, denn man benötigte dafür nicht nur Geld, sondern auch Freizeit bzw. „Urlaub" – auch dies eine Entwicklung des 19. Jahrhunderts. Der Angestellte hatte die Arbeitswelt betreten und mit der Zunahme auch der kleinen und mittleren Beamtenschaft kam der Anspruch auf bezahlten Jahresurlaub. Für die Arbeiterschaft, die im ausgehenden Jahrhundert die Masse der Erwerbstätigen im Kaiserreich darstellte, war Urlaub die absolute Ausnahme. Erst 1900 wurden überhaupt der Zehnstundentag sowie der freie Sonntag eingeführt – die Anfänge der Freizeit für den Arbeiter. Spricht man also vom Reisen im Jahr 1900, sollte man sich doch vor Augen halten, dass dies ein Privileg eines vergleichsweise geringen Teils der Bevölkerung war.

Adlige und Angehörige des Großbürgertums nutzten die Eisenbahn bereits früh, um in die Sommerfrische, zu Kurorten wie Baden-Baden oder Bad

Komfortables Reisen, hier im Speisewagen der Berlin-Anhalter Eisenbahn um 1900, Holzstich nach einer Zeichnung von Ernst Hosang

Ein Plakat aus dem Jahr 1900 wirbt für die Wochenzeitschrift „Die weite Welt"

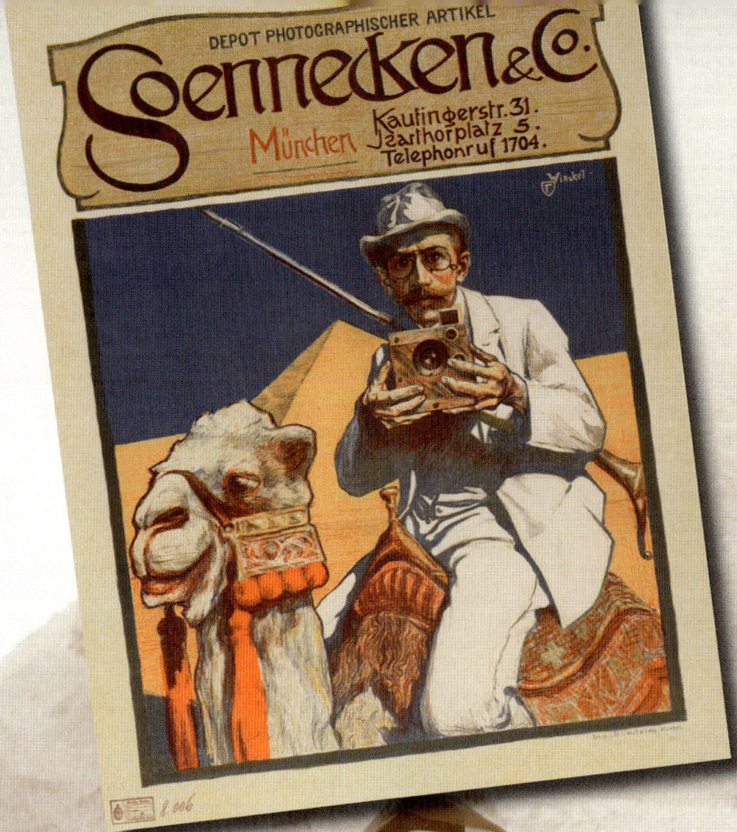

Plakat für die Firma Soennecken & Co. aus dem Jahr 1898

Ems, oder vor allem ins Ausland zu fahren. Auch Seebäder wie Norderney und Borkum oder die Alpen waren beliebte Reiseziele. Die Beliebtheit des Reisens spiegelt sich auch in immer höheren Auflagen gedruckter Reisehandbücher wider, wie dem 1827 erstmals erschienenen Baedeker. Erste Reiseorganisationen ermöglichten Fahrten z. B. nach Ägypten. Bildungsreisen gab es freilich schon viel früher – man denke nur an die beinahe schon obligatorischen Besuche Italiens vermögender junger Männer im 18. Jahrhundert –, die Anfänge des Tourismus sind jedoch im 19. Jahrhundert zu suchen.

Doch zurück zur Eisenbahn: Sie vernetzte nicht nur die Städte und Regionen des Deutschen Reichs miteinander, sie war nicht nur in Industrieregionen für den Gütertransport von existenzieller Bedeutung, sie war selbst Motor der industriellen Entwicklung. Durch den Schienennetzausbau sowie den Bau der Waggons und Lokomotiven selbst boomten der Bergbau, die Eisen- und Stahlindustrie sowie der Maschinenbau, vor allem im Ruhrgebiet und in Oberschlesien. Bis Ende des 19. Jahrhunderts avancierte das Deutsche Reich zu einer der größten Industrienationen und wies ab 1870 nach Großbritannien die

Diese Fotografie um 1900 zeigt Touristen vor der Sphinx und den Pyramiden von Gizeh in Ägypten.

Blick in das Indigolaboratorium der BASF in Ludwigshafen um 1910

größten Dampfmaschinenkapazitäten auf. Ab 1850 und vor allem nach dem Sieg über Frankreich und der Reichseinigung 1871 florierte die Wirtschaft, maßgeblich befördert durch die von Frankreich zu leistenden Reparationszahlungen in Höhe von fünf Milliarden Francs – das entsprach dem Dreifachen des in Deutschland vorhandenen Bargeldes. Aber nicht nur die enorm gestiegenen Finanzmittel, sondern auch der durch die Einigung gewonnene Großwirtschaftsraum, die Kohlevorkommen im neuen Reichsgebiet Elsass-Lothringen und der weitere Zollabbau sorgten für einen ungeahnten wirtschaftlichen Aufschwung.

Firmen, Aktiengesellschaften und Großbanken wurden gegründet, darunter die Deutsche Bank 1870 und die Dresdner Bank 1872. Die Vereinheitlichung von Maßen und Gewichten bereits 1868 sowie der Währungen durch die Münzgesetze 1871 und 1873 leisteten ihr Übriges zum Boom. Vor der reichsweiten Einführung von Mark, Groschen und Pfennigen hatte es in den Gebieten des späteren Deutschen Reichs sieben verschiedene Münzsysteme gegeben, bestehend aus Thalern, Groschen, Pfennigen in Preußen und Sachsen, Schillingen in Mecklenburg, Mark-Kurant in Hamburg und Lübeck, Gulden und Kreuzern in Süddeutschland, Pistolen, Groten und Schwaren in Bremen sowie Franken in Elsass-Lothringen. Allerdings verschwanden die alten Währungen nicht sofort. Noch im Jahr 1900 konnte man im Norden Deutschlands auch mit Thalern bezahlen.

1873 war es mit dem Aufschwung jedoch zunächst vorbei. Die Gründerzeit endete mit dem Zusammenbruch der Börsen in Wien, New York und Berlin im sogenannten Gründerkrach. Erst Mitte der 1890er-Jahre folgte wieder eine bis zu Beginn des Ersten Weltkriegs andauernde Hochkonjunkturphase. Nichtsdestotrotz entwickelten sich im ausgehenden 19. Jahrhundert bedeutende neue Industriezweige, die die zweite industrielle Revolution einleiteten: chemische Industrie, Elektroindustrie, Optik und Feinmechanik. Die 1865 gegründete Badische Anilin- & Soda-Fabrik (BASF) in Ludwigshafen oder die Bayer-Werke im heutigen Leverkusen z. B. stellten neue synthetische Farbstoffe (Indigo rein BASF) und Arzneimittel (Aspirin) her, die international Absatz fanden. Im Katalog zur Weltausstellung 1900 in Paris heißt es, die BASF sei „unbestritten die größte chemische Fabrik der Welt" mit 148 akademisch ausgebildeten Chemikern sowie 75 Ingenieuren und Technikern.

In der Elektroindustrie gehörten vor allem die Allgemeine Elektricitäts-Gesellschaft (AEG) sowie die Maschinenfabrik und Telegraphenbauanstalt Siemens &

Gründerzeitfassade in der Oppenhoffallee in Aachen

Halske in Berlin zu den weltweit führenden Unternehmen. Durch die Entdeckung des dynamoelektrischen Prinzips durch Werner von Siemens 1866 war das Unternehmen bald in der Lage, leistungsfähige Elektromotoren herzustellen, die in Großstädten wie Berlin bereits um 1900 in zahlreichen Betrieben verwendet wurden. Die Entwicklungen auf dem Gebiet der Elektrotechnik hatten maßgebliche Auswirkungen auf das städtische Leben selbst. Elektrische Beleuchtung, elektrische Straßenbahnen und Omnibusse, erste Stromanschlüsse in Privathaushalten sowie die Einrichtung von Fernsprechanlagen hielten kurz vor und um 1900 Einzug in die Großstädte. Der Telefonverkehr in Berlin begann z. B. 1881 mit sage und schreibe acht Teilnehmern, verdrängte aber nach und nach die Telegrafie.

Mit der gesteigerten Nachfrage nach Apparaten, Maschinen, Lokomotiven, Antrieben und ersten Automobilen florierten auch die Montan- sowie die Maschinenbauindustrie. Bereits international agierende Unternehmen saßen mit der Thyssen AG in Duisburg, mit der Fried. Krupp AG in Essen, mit Borsig in Berlin oder mit der Benz & Cie. AG in Mannheim, dem ersten Automobilhersteller Deutschlands.

Die Reihe an Erfindungen und Entdeckungen, die bis 1900 das Leben der Menschen revolutionierten, lässt sich im Übrigen, und das noch nicht einmal erschöpfend, fortsetzen: Neben Glühlampe, Röntgentechnik und Phonograf erblickten auch Schreibmaschine, Nähmaschine, Fotografie und Kinematografie, Fahrrad, Dampfschiff und Zeppelin das Licht der Welt. Letzterer hat als LZ 1 am 2. Juli 1900 seine

Zeitschriftenwerbung für die „Elektrische Spar-Glühlampe" der Siemens & Halske AG aus dem Jahr 1907/08

Die erste Werkstatt der Telegraphenbauanstalt Siemens & Halske befand sich 1847–52 noch in einem Hinterhof in Berlin in der Schöneberger Straße (der Eingang zur Werkstatt ist hinter dem Baum).

erste Fahrt unternommen. Bereits 1903 flog das erste Motorflugzeug durch die Lüfte. Es ist kein Wunder, dass Charles H. Duell, der Leiter des amerikanischen Patentamtes, 1899 gesagt haben soll, dass nichts mehr erfunden werden könne, da bereits alles erfunden worden sei: Diesen Eindruck musste der Zeitgenosse um 1900 tatsächlich gewonnen haben. Dass Technik und Erfindungsgeist freilich auch ihre Schattenseiten hatten, wurde in den Materialschlachten des nur 14 Jahre später beginnenden Ersten Weltkriegs nur allzu offenbar.

Wer also mit dem Zug im Jahr 1900 das Deutsche Reich bereiste, fuhr an Industriegebäuden aus Gusseisen und rotem Backstein, an Fördertürmen und Hochöfen, an Elektrizitätswerken und Wassertürmen vorbei – zumindest wer die großen Industriereviere und Großstädte passierte. Auf dem Land schien sich dagegen nicht viel geändert zu haben, zumindest nicht so offensichtlich.

Jungfernfahrt des Luftschiffs LZ 1 am 2. Juli 1900 am Bodensee

Schaute man allerdings genauer hin, so wurden auch hier die von der Industrialisierung hervorgerufenen Umwälzungen deutlich: durch den Wegzug der Menschen. Haben im Jahr 1850 noch 60 Prozent aller Erwerbstätigen in der Landwirtschaft gearbeitet und nur acht Prozent in der Industrie, so waren es 1900 nur noch 38 Prozent in der Landwirtschaft, aber bereits 30 Prozent in der Industrie. Rationalisierungen gab es auch in der Landwirtschaft. Durch den Einsatz von Kunstdünger, landwirtschaftlichen Maschinen und durch rationellere Viehhaltung waren immer weniger Arbeitskräfte auf dem Land nötig. Zahlreiche Kleinbauern oder Landarbeiter waren auf Lohnarbeit auf großen Gütern angewiesen, gingen zur Fabrikarbeit über oder wanderten nach Amerika aus. Der Hamburger Hafen wurde zur wichtigsten Anlaufstelle für all diejenigen, die sich nach Übersee einschiffen wollten. Erst in den 1890er-Jahren ging die Zahl der Auswanderungswilligen zurück.

Das Automobil: ebenfalls eine Erfindung des 19. Jahrhunderts. Gottlieb Daimler 1887 in seiner Motorkutsche mit seinem Sohn Adolf am Steuer

Landwirtschaft und Industrie waren jedenfalls, gemessen an der erwerbstätigen Bevölkerung, über das Reichsgebiet höchst unterschiedlich verteilt, das stellt bereits Meyers Konversations-Lexikon von 1890 fest:

Einen starken Prozentsatz industrieller Bevölkerung (über 30 Prozent der Gesamtbevölkerung ausmachend) finden wir zunächst in zwei großen zusammenhängenden Gebieten, diese sind 1) der ganze Westen des Reichs: Württemberg, Baden, Elsaß-Lothringen, Hessen, Hessen-Nassau, Rheinland und die angrenzenden Teile Westfalens […]; 2) Königreich Sachsen, Thüringen und das mittlere Deutschland bis zur Norddeutschen Ebene, sodann ein schmaler […] Streifen am Südrand der Provinz Schlesien. Außerdem […] Stettin, Hamburg, Bremen, Kiel.

Vorwiegend Landwirtschaft treibend (über 50 Prozent der Gesamtbevölkerung) ist die Bevölkerung in den übrigen Teilen des Reichs.

Dazu gehören laut Konversations-Lexikon unter anderem die Gebiete jenseits der Oder, also die übrigen Teile Schlesiens und Pommern, außerdem vor allem Brandenburg, Mecklenburg, große Teile Bayerns, aber auch noch manche Region in Baden und Württemberg.

In diesem Zusammenhang sollte man sich noch einmal vor Augen halten, welche Ausmaße das Deutsche Reich seit 1871 eigentlich hatte. In seiner West-Ost-Ausdehnung reichte es tatsächlich, wie im von Heinrich Hoffmann von Fallersleben bereits 1841 gedichteten Lied der Deutschen, von der Maas bis an die Memel im heutigen Litauen – genauer gesagt in Schlesien bis nach Kattowitz, in Ostpreußen bis Eydtkuhnen. Im Norden erstreckte sich das Deutsche Reich ungefähr bis zur dänischen Stadt Ribe, die Grenze zu Dänemark lag also ein wenig nördlicher als heute. Die nördlichste größere Stadt war jedoch Memel. Im Süden entsprachen die Grenzen dem heutigen Verlauf.

Das Deutsche Reich mit seinen 540 519 Quadratkilometern und 56 345 000 Einwohnern (1900) entstand durch Verträge des ehemaligen Norddeutschen Bundes und der süddeutschen Staaten sowie durch die Annexion Elsass-Lothringens, war jedoch nach wie vor ein Flickenteppich. Das Königreich Preußen war mit 348 258 Quadratkilometern das größte Gebiet des Reichs, gefolgt von den Königreichen Bayern, Sachsen und Württemberg sowie den Großherzogtümern Baden, Hessen, Sachsen-Weimar, Mecklenburg-Schwerin und Oldenburg. Es folgten anschließend fünf Herzogtümer und sieben Fürstentümer sowie die drei Freien Städte Hamburg, Lübeck und Bremen. Unterhalb der Reichsebene dauerte die Kleinstaaterei also an, zumal die Einzelstaaten ihre jeweiligen Verfassungen – mal fortschrittlich, mal rückständig – behielten und sich manche Staaten auch gegen eine „Verpreußung“ wehrten. Das Königreich Bayern z. B. behielt die Hoheit über Bahn- und Postverkehr sowie das Privileg einer Biersteuer. Meyers Konversations-Lexikon sagt dementsprechend sehr klar, dass die Menschen um 1900 „Unterthanen ihrer Einzelregierung und Bürger des Einzelstaats [sind], dem sie jeweilig angehören. Aber sie sind auch zugleich Bürger und Angehörige des deutschen Gesamtstaats.“

Gerade diese Vielstaaterei, Grundlage des heutigen Föderalismus, führt dazu, dass die Kapiteleinteilungen in diesem Buch nicht politischen, sondern geografischen Gesichtspunkten folgen. Die Gründe dafür werden schnell ersichtlich: Der heutige Leser wäre vermutlich sehr verwirrt, wenn die Rheinpfalz mit Kaiserslautern im Zentrum dem Bayern-Kapitel zugeschlagen werden würde oder die Stadt Erfurt nicht im Kapitel zu Thüringen auftaucht – rein politisch gesehen ist die Pfalz um 1900 jedoch bayerisch und Erfurt gehört zur Provinz Sachsen in Preußen.

Was aber wäre eine Deutschlandreise ohne Bilder? Etwa 500 seltene historische Fotos illustrieren, wie sich das Deutsche Reich dem damaligen Reisenden präsentierte – durch die Fotochromtechnik sind diese zudem alle in Farbe. Allerdings handelt es sich dabei nicht etwa um Farbfotografien, sondern vielmehr um Farbdrucke. Das Negativ einer Schwarz-Weiß-Fotografie wurde gegen einen Lithostein gepresst, der mit lichtempfindlichem syrischem Asphalt überzogen war, und dann dem Tageslicht ausgesetzt. Der

Zwei Kinder in der Reisekleidung Erwachsener auf einer Fotografie um 1905

Damenmode um 1900: Typisch waren der ausladende Hut, der Glockenrock sowie die enge Taillierung des Kleides.

Englische Reisekamera „The Vitco“ auf einem Buchenholzstativ um 1895

Asphalt härtete aus je nach Intensität des Lichts. Die nicht gehärteten Schichten wurden anschließend entfernt, außerdem die für die jeweilige Farbe nicht relevanten Bereiche, denn jede Farbe wurde, wie bei einer normalen Lithografie, auf einen separaten Stein aufgetragen. Für ein Fotochrom benötigte man mindestens sechs Steine, für gewöhnlich wurden jedoch sogar zehn bis 15 Steine verwendet.

Dieses spezielle Mehrfarbdruckverfahren wurde vom Züricher Lithografen Hans Jakob Schmid in den 1880er-Jahren entwickelt und 1888 in Österreich-Ungarn sowie unabhängig davon in Frankreich und Deutschland zum Patent angemeldet. Das Kürzel P. Z., das sich auf allen hier abgebildeten Fotochromen findet, steht im Übrigen für jene Firma Photochrom Zürich (später Photoglob Zürich AG), bei der Schmid seine Technik entwickelt hatte. Um 1900 bis zum Ersten Weltkrieg erlebte die Fotochromtechnik ihre Blütezeit.

Doch begeben wir uns nun endlich auf die Reise in das wilhelminische Deutschland im Jahr 1900, in das „nervöse Zeitalter". Stellen wir uns ein großbürgerliches Ehepaar vor – sie mit Kostüm, Glockenrock mit leichter Schleppe, ausladendem Hut, Handtasche und Spazierstock, er mit Klappkragen, Gehrock und Zylinder, um das Gepäck kümmern sich andere –, in einer erst vor Kurzem errichteten Bahnhofshalle mit beeindruckendem Stahlgerüst, schnaufenden Loks und hektischer Betriebsamkeit. Auf geht die Fahrt – nach München.

Reisende auf dem Weg in die „Sommerfrische" mit der Königlich Bayerischen Staatsbahn, hier auf einem Holzstich von 1885

Der 1898 eröffnete Dresdner Hauptbahnhof ist im Stil des Historismus und mit seinen gusseisernen und stählernen Konstruktionen ein typisches Beispiel repräsentativer Bahnhöfe des ausgehenden 19. Jahrhunderts.

Süddeutschland

In München angekommen und aus dem schnaufenden Zug gestiegen, erblickt man als Erstes den mächtigen Zentralbahnhof mit vierteiliger Einsteighalle und 16 Gleisen. Von hier aus gehen Züge in die bayerischen Städte Regensburg, Augsburg oder Ingolstadt, aber auch nach Berlin, Leipzig, Frankfurt, Köln, Stuttgart oder Salzburg. Erst 1883 war der Bahnhof unter der Leitung von Jakob Graff fertiggestellt worden. Wenige Jahre später erwies er sich bereits als zu klein, sodass stetige Umbaumaßnahmen den Bahnhof noch weiter vergrößerten.

Bahnhöfe waren um 1900 das Einfallstor in die Städte, hier kamen die weit gereisten Gäste aus dem Deutschen Reich und aus aller Welt an. Dementsprechend pompös und repräsentativ sind die um diese Zeit gebauten oder erweiterten Bahnhöfe meist: Die Städte wollten sich sehen lassen. Unser vornehmes Ehepaar wird auf dem Weg ins Hotel vermutlich nicht die „Elektrische" genommen haben, die vor dem Bahnhof schon fuhr, sicherlich nahm es eine bereitstehende Droschke oder sogar ein Automobil.

München war um 1900, sogar mehr noch als Berlin, ein kulturelles Zentrum des Deutschen Reichs. Mit dem Hof- und Nationaltheater, dem Residenztheater, der Alten und Neuen Pinakothek, der Glyptothek, dem Bayerischen Nationalmuseum oder dem Königlichen Hoftheater bot sich dem kunstinteressierten Besucher eine reiche Auswahl. In Wien, München und Darmstadt liegen zudem die Anfänge des Jugendstils in Deutschland, der seinen Namen der in München ab 1896 erschienenen Kunstzeitschrift „Jugend" verdankte. Der neue, moderne Stil mit den charakteristisch geschwungenen Linien und floralen Elementen prägte in München vor allem Innenausstattung und Kunstgewerbe. In der bayerischen Hauptstadt kamen zahlreiche Literaten, Künstler und Bohemiens zusammen, die sich in Kaffeehäusern oder in privaten Salons trafen. Der Kreis um den Schriftsteller Stefan George zählt ebenso dazu wie Persönlichkeiten wie Karl Wolfskehl, Franziska zu Reventlow, Gustav Mahler, Richard Strauss, Frank Wedekind und nicht zuletzt Thomas Mann.

Die Bevölkerung der Stadt war freilich noch vielschichtiger. Nur 37 Prozent der Einwohner Münchens waren auch dort geboren, die meisten kamen aus anderen Regionen Bayerns, sechs Prozent stammten aus anderen Teilen Deutschlands, vier Prozent waren Ausländer, so Meyers Konversations-Lexikon:

Blick auf den Münchner Bahnhofsplatz mit Hauptbahnhof um 1910

Werbeplakat für die „Jugend" von Josef Rudolf Witzel 1896

Es kann also weniger vom echten Münchener als vom echten Bayer gesprochen werden. Insoweit sich noch typische Figuren des erstern finden, zeigt dieser sich bieder, trocknen Humors, schwerblütig und genussfreudig, aber auch bei schwerer Arbeit ausdauernd und kräftig, für das Fremde nicht leicht einzunehmen, auf seine Stadt und ihre Schönheiten stolz, wenn auch mit mancher großstädtischen Neuerung nicht immer sofort einverstanden. Im Hofbräuhaus, wo man sich selbst bedient, statt des Stuhls mit einem Fass, statt des Tellers mit einem Blatt Papier oder auch der flachen Hand begnügt, um Stand und Würden des Nachbars unbekümmert, mit demselben rasch ein gemütliches Gespräch anknüpft, oder in den zahlreichen Lagerbierkellern […], wo auch das schöne Geschlecht, das in München nicht selten seinen Namen mit Recht führt, vertreten ist, spielen sich köstliche Volksbilder ab.

Titelbild der Wochenschrift „Jugend" vom 8. Januar 1900

Tatsächlich kam es in den südlichen Ländern des Deutschen Reichs eher als im Norden, wo öffentliche Feste eher rar waren, zum Zusammentreffen der oberen und unteren gesellschaftlichen Schichten. Beim Oktoberfest in München vergnügten sich z. B. der Geheimrat ebenso wie der Arbeiter oder das großbürgerliche Ehepaar.

Aber die Reise geht selbstverständlich noch weiter, unter anderem in die in ihrer mittelalterlichen Struktur noch gut erhaltenen Städte Nürnberg und Augsburg, die, wie auch Fürth, zugleich die mehr oder minder einzigen Zentren industrieller Produktion in Bayern waren – sieht man einmal von der Rheinpfalz ab. Auch in Württemberg und Baden konzentrierte sich die Industrialisierung lediglich auf die Räume um Stuttgart, Karlsruhe und Mannheim. Erwähnenswert ist das Elektrizitätsunternehmen Schuckert & Co. in Nürnberg, 1893 zur Aktiengesellschaft umgewandelt und 1903 von Siemens & Halske übernommen. Wurden zunächst noch im Handwerksbetrieb in den 1870er- und 1880er-Jahren Bogenlampen, Zähler, Glühlampen, Elektrogeräte und Elektroanlagen hergestellt, so übernahm das sich zur Industriefabrik von Weltrang entwickelnde Unternehmen bald den Ausbau städtischer Elektrizitätsversorgung – nicht nur in Nürnberg – und fertigte elektrische Straßenbahnen. Auf den Maschinenbau konzentrierte sich auch die 1898 gegründete Maschinenfabrik Augsburg-Nürnberg AG (M.A.N. ab 1908), die sich auch des Baus der berühmten Wuppertaler Schwebebahn um 1900 annahm. Vor der Fusion hatte zudem Rudolf Diesel 1893 bis 1897 den ersten Dieselmotor bei der Maschinenfabrik Augsburg entwickelt.

Besonderer Beliebtheit erfreuten sich als Reiseziele um 1900 aber natürlich nicht die Industrieanlagen – deshalb machte sich auch niemand die Mühe, sie zu fotografieren –, sondern vor allem die Bade- und Kurorte wie Baden-Baden und Bad Kissingen. Aber auch das erst 1869 begonnene und mit Krediten beladene Schloss Neuschwanstein war bereits für Besucher zugänglich, nachdem der menschenscheue „Märchenkönig" Ludwig II. 1886 im Starnberger See ums Leben gekommen war.

Auch die Alpen wurden vermehrt Ziel von wanderlustigen Touristen, die im 19. Jahrhundert selbst die höchsten Berge erstiegen, darunter sogar Frauen, wie Meyers Konversations-Lexikon extra vermerkt. Der Bohemien Oscar A. H. Schmitz beschreibt in seinem Tagebuch die Wanderung im Juli 1901 durch das Höllental, das zur Zugspitze führt:

Dieser Holzstich von 1898 zeigt das Münchner Hofbräuhaus.

Bildpostkarte zum Münchner Oktoberfest aus dem Jahr 1895

Von der Gebirgstour zurück. Der Übergang vom Höllental über die Riffel nach Eibsee für mich lebensgefährlich, weil ich an Schwindel litt, während Nina vortrefflich kletterte. Dagegen hält sie schlecht Anstrengungen aus, die ich wieder sehr gut ertrage. Wir schliefen nachts beide kaum vor Aufregung über die ausgestandene Gefahr.

Die Eisenbahn jedoch hat im 19. Jahrhundert sogar die Alpen bezwungen und die beschwerlichen Wege beim Gotthard, Brenner und Semmering ersetzt. Von höchster Ingenieurskunst aufgrund der großen zu überwindenden Steigungen zeugt auch die 1887 eröffnete Bahnstrecke im Höllental, dieses Mal im Südschwarzwald zwischen Freiburg im Breisgau und Titisee-Neustadt. Vor allem die Fahrt über die 1885 bis 1887 gebaute Ravennabrücke mit einer Höhe von 37 Metern, einer Gesamtlänge von 144 Metern und drei Sandsteinpfeilern müsste auf das weiter nach Freiburg und Colmar reisende Ehepaar Respekt einflößend gewirkt haben.

Zugspitzbesteigung durch das Höllental, Bildpostkarte aus dem Jahr 1912

» 1 «

» 2 «

» 3 «

» 1 «
Blick auf Münchens Innenstadt und die Maximiliansbrücke

» 2 «
Der Marienplatz mit Mariensäule, dem Neuen Rathaus linker Hand und dem Alten Rathaus im Hintergrund

» 3 «
Das erst 1905 fertiggestellte Neue Rathaus im neugotischen Stil in München

»4«

»5«

»4«
Eine Besuchergruppe vor dem Münchner Hofbräuhaus

»5«
Altes Rathaus in München

» 1 «

» 2 «

» 3 «

» 1 «

Blick vom Isartorplatz auf das Isartor

» 2 «

Der 1897 fertiggestellte Münchner Justizpalast am Karlsplatz

» 3 «

Karlsplatz mit Blick in Richtung Bahnhof

» 4 «

» 5 «

» 4 «
Blick vom Odeonsplatz nach Norden in die Ludwigstraße in München

»1«

»2«

»3«

» 4 «

» 5 «

» 1 «
Wertachbrucker Tor in Augsburg

» 2 «
Augsburger Dom Unserer Lieben Frau

» 3 «
Blick auf Wallanlage mit Rotem Tor in Augsburg

» 4 «
Blick auf die 1863 vollendete Befreiungshalle Kelheim auf dem Michelsberg an der Donau zum Gedenken an die Befreiungskriege gegen Napoleon Bonaparte

» 5 «
Die 1842 vollendete Walhalla bei Donaustauf,

» 1 «

» 2 «

» 1 «
Blick von Westen auf Donau und Walhalla

» 2 «
Stadtansicht von Regensburg an der Donau

» 3 «
Blick auf die im 12. Jahrhundert erbaute Steinerne Brücke und den Regensburger Dom im Hintergrund

» 4 «
Das Hallertor in Nürnberg

» 5 «
Ansicht von Westen auf die Nürnberger Burg

» 6 «
Der äußere Burghof mit Brunnenhaus und Sinwellturm

»4«

»5«

»6«

»1«

»2«

»3«

» 4 «

» 5 «

» 1 «
Das Nassauer Haus, ein mittelalterlicher Wohnturm in Nürnberg

» 2 «
Blick von der Insel Schüt in Nürnberg auf die Spitalbrücke, das Heiliggeistspital und die 1874 eingeweihte Synagoge am Hans-Sachs-Platz, die 1938 unter den Nationalsozialisten wieder abgerissen wurde

» 3 «
Blick auf das über der Pegnitz errichtete Heiliggeistspital in Nürnberg

» 4 «
Weißer Turm in Rothenburg ob der Tauber

» 1 «

» 2 «

» 3 «

» 5 «

» 4 «

» 1 «
Klingengasse mit Feuerleinserker und im Hintergrund der Torbogen unter der Stadtpfarrkirche St. Jakob

» 2 «
Das Kobolzeller Tor in Rothenburg ob der Tauber

» 3 «
Teilansicht von Rothenburg ob der Tauber

» 4 «
Alte Mainbrücke und die Festung Marienberg in Würzburg

» 5 «
Südliche Gartenfront der Fürstbischöflichen Residenz Würzburg, erbaut unter dem Architekten Balthasar Neumann

» 1 «

» 2 «

» 3 «

» 1 «
Alte Mainbrücke in Würzburg

» 2 «
Trimburg an der Fränkischen Saale mit der gleichnamigen Burg auf dem Pfaffenberg

» 3 «
Forsthaus Claushof, seit 1889 Ausflugslokal bei Bad Kissingen

» 4 «

» 5 «

» 1 «

» 2 «

» 3 «

» 1 «
Stadtansicht von Bamberg mit dem links gelegenen Kloster Michelsberg

» 2 «
Das Bamberger Alte Rathaus an der Regnitz

» 3 «
Die berühmte Wallfahrtskirche Vierzehnheiligen bei Lichtenfels wurde im 18. Jahrhundert ebenfalls unter Balthasar Neumann erbaut.

» 4 «

» 6 «

» 5 «

» 4 «
Während der Pause am Festspielhaus in Bayreuth

» 5 «
Die Villa Wahnfried in Bayreuth war Wohnsitz Richard Wagners

» 6 «
Bad Reichenhall mit dem Bergmassiv Hochstaufen im Hintergrund

» 1 «

» 2 «

» 1 «
Blick auf Berchtesgaden mit dem Bergmassiv Watzmann im Hintergrund

» 2 «
Marktplatz in Berchtesgaden

» 3 «
Eine Besuchergruppe fährt aus dem Salzbergwerk bei Berchtesgaden

»4«

»5«

»4«
Die Gemeinde Maria Gern bei Berchtesgaden

»5«
Ramsau bei Berchtesgaden mit der Pfarrkirche St. Sebastian

»1«

»2«

»3«

» 4 «

» 5 «

» 1 «
Ein Wanderer auf dem Almbachklamm in den Berchtesgadener Alpen

» 2 «
Ein Fährkahn auf dem Königssee in den Berchtesgadener Alpen

» 3 «
Auf dem Hintersee bei Berchtesgaden

» 4 «
Blick auf Chiemsee und Dampfschiff mit der Herreninsel im Hintergrund

» 5 «
Ansicht der Fraueninsel im Chiemsee mit der Benediktinerinnenabtei

» 1 «

» 2 «

» 3 «

» 1 «
Der Schliersee in Oberbayern

» 2 «
Die 1889 erbaute Wendelsteinkirche rechts oben und das 1883 als Schutzhütte eröffnete Wendelsteinhaus bei Bayrischzell

» 3 «
Bad Tölz an der Isar

» 1 «

» 2 «

» 1 «
Der Herzogstand in den Bayerischen Voralpen

» 2 «
Murnau am Staffelsee mit der Kirche St. Nikolaus

» 3 «
Oberammergau an der Ammer

» 3 «

» 4 «

» 4 «
Der Gasthof zur Alten Post links und rechts das Hotel Wittelsbacher Hof

» 5 «

» 1 «

» 2 «

» 3 «

» 4 «

» 5 «

» 1 «
Der Ortsteil Partenkirchen in Garmisch-Partenkirchen

» 2 «
Dorfszene in Garmisch-Partenkirchen mit Blick auf die Alpspitze und die Zugspitze

» 3 «
Betende Frau in Garmisch vor einem Bildstock

» 4 «
Rießersee bei Garmisch-Partenkirchen

» 5 «
Der See Blaue Gumpe mit Jägerhütte im Reintal in der Nähe von Garmisch-Partenkirchen

» 1 «

» 2 «

» 1 «
Angerhütte im Reintal mit Blick auf den Hochwanner

» 2 «
Blick auf das 1871 erbaute Hotel Grainau am Badersee unweit von Garmisch-Partenkirchen

» 3 «
Fotochrom-Bildpostkarte der Höllentalklammhütte bei Garmisch-Partenkirchen

» 4 «

» 5 «

» 4 «

Blick vom Schachen im Wettersteingebirge auf den Hochblassen und die Alpspitze (rechts)

» 5 «

Knorrhütte in 2052 Metern Höhe am Zugspitzplatt, einer Hochfläche unterhalb des Gipfels der Zugspitze

» 1 «

» 2 «

» 3 «

» 1 «
Hochstation auf dem Westgipfel der Zugspitze mit dem 1900 erbauten meteorologischen Observatorium

» 2 «
Der Eibsee mit Blick auf das Zugspitzmassiv

» 3 «
Blick auf Schloss Neuschwanstein bei Füssen

» 4 «

» 5 «

» 4 «
Interieur im Schloss Neuschwanstein

» 5 «
Speisezimmer König Ludwigs II. auf Schloss Neuschwanstein

» 1 «

» 2 «

» 3 «

» 1 «
Schloss Hohenschwangau mit dem Alpsee links und dem Schwansee rechts

» 2 «
Oberstdorf mit Blick auf die Allgäuer Alpen

» 3 «
Hafeneinfahrt mit Bayerischem Löwen und Leuchtturm in Lindau am Bodensee

» 4 «

» 5 «

» 4 «
Blick vom Leuchtturm auf das Hafenbecken der Stadt Konstanz und das im Bild mittig liegende Gebäude des Konstanzer Konzils 1414 bis 1418

» 5 «

»1«

»2«

»3«

» 4 «

» 6 «

» 5 «

» 1 «
Die Insel Mainau am Bodensee

» 2 «
Der Hohentwiel mit Burgruine bei Singen

» 3 «
Die Burg Hohenzollern bei Hechingen war Stammsitz des Fürstengeschlechts Hohenzollern, deren brandenburgisch-preußische Linie die preußischen Könige und ab 1871 den Kaiser des Deutschen Reichs stellte.

» 4 «
Die Stadt Sigmaringen mit Schloss

» 5 «
Stadtansicht von Ulm mit Münster und Donau

» 6 «
Stadt Tübingen

» 1 «

» 2 «

» 3 «

» 1 «
Blick auf Stuttgart

» 2 «
Markttreiben auf dem Stuttgarter Marktplatz

» 3 «
Die Schlossanlage Wilhelma in Stuttgart-Bad Cannstatt ist heute ein zoologisch-botanischer Garten.

» 4 «

» 5 «

» 4 «
Blick vom Schloss auf den Schlossplatz sowie die Türme von Rathaus und Stadtkirche in Karlsruhe

» 1 «

» 2 «

» 3 «

» 4 «

» 5 «

» 1 «
Stadtansicht von Heidelberg

» 2 «
Blick über den Neckar auf das Heidelberger Schloss

» 3 «
Besucher im Hof des Heidelberger Schlosses

» 4 «
Der Paradeplatz in Mannheim

» 5 «
Rheinbrücke zwischen Mannheim und Ludwigshafen

» 1 «

» 2 «

»3«

»4«

» 1 «

» 2 «

» 1 «
Bauernhaus im Schwarzwald

» 2 «
Schwarzwälderin in Tracht aus dem Gutachtal

» 3 «

» 5 «

» 3 «
Eisenbahn am Horizont bei Triberg im Schwarzwald

» 4 «
Der Titisee im Schwarzwald

» 5 «
Die Strecke der Höllentalbahn schlängelt sich durch das Höllental im Schwarzwald

» 1 «

» 2 «

» 3 «

» 1 «
Die Ravennabrücke mit Güterzug im Höllental

» 2 «
Ansicht der Ravennabrücke und Ravennaschlucht

» 3 «
Das Hotel Feldberger Hof mit Blick auf den Feldberg im Schwarzwald

» 4 «

» 5 «

» 4 «
Die Wehra im Südschwarzwald

» 5 «
Stadtansicht von Freiburg im Breisgau

» 1 «

» 2 «

» 1 «
Das Freiburger Münster, von Südosten aus betrachtet

» 2 «
Die Kaiserstraße in Freiburg mit Bertoldsbrunnen und Martinstor im Hintergrund

» 3 «
Die Freiburger Bertoldstraße mit der Universitätskirche linker Hand und dem Münster im Hintergrund

» 4 «
Wochenmarkt auf dem Münsterplatz

» 5 «
Breisach am Rhein mit Blick auf das Münster St. Stephan

»3«

»4«

»5«

Links des Rheins

Frankreich musste Elsass-Lothringen nach dem Friedensschluss zu Frankfurt am Main vom 10. Mai 1871 an das Deutsche Reich abtreten, womit dieses als unmittelbares „deutsches Reichsland" direkt dem Kaiser unterstellt wurde – ein Sonderfall, der für keinen anderen Bundesstaat zutraf. Durch die Festungen Metz und Straßburg sowie die Höhen der Vogesen sollten die süddeutschen Grenzen besser geschützt werden.

Das Verhältnis der Elsass-Lothringer zum Deutschen Reich war konfliktgeladen. Französischsprachig war mit 11,5 Prozent im Jahr 1900 nur eine Minderheit der Bevölkerung, aber selbst die deutschsprachigen Einwohner Elsass-Lothringens standen dem Deutschen Reich skeptisch bis ablehnend gegenüber, was nicht zuletzt auch aus dem Umstand resultierte, dass sich die preußischen Heereseinheiten oftmals wie Besatzer aufführten. Die französische Sprache wurde an den Schulen teils abgeschafft, teils beschränkt, und die allgemeine Wehrpflicht eingeführt, der sich nur entziehen konnte, wer nach Frankreich übersiedelte. In Straßburg hatten Bürgermeister und Gemeinderat 1873 offen gegen die Regierung opponiert, Ähnliches geschah in Metz und Colmar.

Französische Karikatur von 1870, die Wilhelm I. beim Einmarsch in Frankreich während des deutsch-französischen Kriegs zeigt

Karikatur auf die Zabern-Affäre mit dem Titel „Das Ruhmesblatt von Zabern", 1914 aus dem „Wahren Jacob"

Wie angespannt das Verhältnis war, zeigte sich nicht zuletzt 1913 in der „Zabern-Affäre" genannten innenpolitischen Krise, die reichsweit Aufsehen und auch Empörung hervorrief. Auf Proteste der elsässischen Bevölkerung in Zabern gegen beleidigende Äußerungen des noch nicht einmal 20 Jahre alten Leutnants Günter Freiherr von Forstner folgten willkürliche Verhaftungen vonseiten der Militärs.

Die Machtdemonstration des Militärs in Elsass-Lothringen steht symptomatisch für die Dominanz des Militärischen im ganzen Kaiserreich, nicht erst 1913, sondern bereits vor 1900. Nicht umsonst war es für den Bürger bald die höchste Ehre, das Reserveoffizierspatent innezuhaben – der Offiziersstatus war nach wie vor noch dem Adel vorbehalten. Gehorsam, Pflichterfüllung, Disziplin, Demut und militärische Umgangsformen hatten einen immer höheren Stellenwert in der Bevölkerung – auch dies ein Kennzeichen des wilhelminischen Deutschland um 1900. Die Zabern-Affäre jedenfalls fand sogar Eingang in die englische Sprache, die mit dem „zabernism" den Missbrauch militärischer Gewalt bezeichnet.

Unser vornehmes Paar hat Elsass-Lothringen unterdessen verlassen und fährt von einer Weinbauregion in die nächste. Durch die bayerische Rheinpfalz mit ihrer Hauptstadt Speyer, ehemals freie Reichsstadt, geht es über Mainz, Hauptstadt der hessischen Rheinprovinz und deutsche Reichsfestung ersten

Ranges, in die liebliche preußische Rheinprovinz nach Koblenz, politische und militärische Hauptstadt des Rheinlandes. Die Strecke von Mainz nach Koblenz ließ sich um 1900 auch bereits gemütlich mit dem Dampfer befahren, vorbei an romantischen Burgen, Ortschaften, Weinhängen und dem viel besungenen Loreley-Felsen. Das erste Dampfschiff fuhr 1817 auf dem Rhein, um 1890 waren es bereits über 100. Nicht nur für den Personenverkehr, der fast ausschließlich Ausflugsverkehr war, sondern hauptsächlich für den Güterverkehr hatte vor allem der Niederrhein immense Bedeutung. Der Hafen Duisburgs entwickelte sich bis Ende des 19. Jahrhunderts zum größten Binnenhafen Europas. Ein Schleppkahn auf dem Rhein konnte um 1900 bereits Güter von bis zu 1000 Tonnen fassen. Zwischen 1817 und 1876 erfolgte zudem die Begradigung des Oberrheins zwischen Basel und Worms nach dem Plan des badischen Ingenieurs Johann Gottfried Tulla, dem später sogenannten Bändiger des wilden Rheins, wodurch der Flusslauf um 81 Kilometer verkürzt wurde. Das war ein Eingriff in die Landschaft von größter Tragweite, der gegen weitreichende Proteste der Dörfer und Städte am Rhein umgesetzt wurde.

Der Loreley-Felsen bei St. Goarshausen am Rhein, Gouache von Johann Ludwig Bleuler um 1840

Baedekers Reiseführer für die Rheinlande aus dem Jahr 1854

In Koblenz angekommen, ist das Deutsche Eck am Zusammenfluss von Mosel und Rhein nicht zu übersehen. Das anlässlich der Reichseinigung von 1871 auf einem 23 Meter hohen Sockel errichtete Reiterstandbild Wilhelms I. reiht sich ein in die lange Liste der Denkmäler zu Ehren des ersten deutschen Kaisers. Im Zweiten Weltkrieg zerstört, wurde es Anfang der 1990er-Jahre jedoch rekonstruiert und 1993 wieder eingeweiht – auch dies nicht ohne Kritik, zumal Wilhelm I. während der Märzrevolution 1848 in Berlin als Prinz von Preußen eine unrühmliche Rolle gespielt hatte. Das Kaiser-Wilhelm-Denkmal am Deutschen Eck in Koblenz wird jedenfalls auf der Deutschlandreise des bürgerlichen Ehepaares nicht das letzte gewesen sein.

Zeitgenössisches Porträt Johann Gottfried Tullas

» 1 «

» 3 «

» 4 «

» 5 «

» 1 «
Stadtansicht von Straßburg mit dem Straßburger Münster links und der Thomaskirche rechts

» 2 «
Haus Kammerzell in Straßburg, Hauptstadt des Reichslandes Elsass-Lothringen

» 3 «
Blick auf den Place Kléber

» 4 «
Universität und Universitätsbrücke in Straßburg

» 5 «
Stadtansicht von Mülhausen

» 1 «

» 2 «

» 3 «

» 1 «
Der Square Steinbach mit der Stephanskirche im Hintergrund in Mülhausen

» 2 «
Der 1833 fertiggestellte Rhein-Rhône-Kanal in Mülhausen

» 3 «
Neuquartierplatz (Place du Nouveau Quartier) in Mülhausen
mit dem Café Moll links

» 4 «

» 5 «

» 6 «

» 4 «
Stadtansicht von Metz, Verwaltungssitz des Bezirks Lothringen, mit Jungfernwehr und Mittelbrücke über die Mosel.

» 5 «
Das Deutsche Tor (Porte des Allemands) war Teil der mittelalterlichen Stadtbefestigung von Metz. Nach der Reichsgründung 1871 wurde Metz zu einer starken Festungsstadt ausgebaut.

» 6 «
Totenbrücke (Pont des Morts) in Metz mit den Kirchen Saint-Pierre-aux-Nonnains, Sainte Ségolène und der Kathedrale Saint-Étienne (v. l. n. r.)

» 1 «

» 2 «

» 3 «

» 4 «

» 5 «

» 6 «

» 1 «
Das 1860 auf der Esplanade eingeweihte Denkmal in Metz zu Ehren des napoleontreuen Marschalls Michel Ney entging der Zerstörung während der deutschen Annexion und steht dort heute noch.

» 2 «
Stadtansicht von Speyer, Hauptstadt der bayerischen Rheinpfalz

» 3 «
Das Altpörtel in Speyer

» 4 «
Blick auf Worms mit dem Wormser Dom

» 5 «
Blick auf das 1868 enthüllte Lutherdenkmal von Ernst Rietschel in Worms

» 6 «
Nahebrücke mit Brückenhäusern aus dem 15. Jahrhundert in Bad Kreuznach

» 1 «

» 2 «

» 3 «

» 1 «
Stadtansicht von Mainz mit dem Dom St. Martin. Mainz war Hauptstadt der hessischen Rheinprovinz und deutsche Reichsfestung ersten Ranges.

» 2 «
Mainz, von der Rheinbrücke aus gesehen

» 3 «
Blick auf Bingen und Bingerbrück (links) mit Nahemündung und Rhein

» 4 «

» 5 «

» 6 «

» 4 «
Der 1855 als Signalturm wiederhergestellte Mäuseturm
auf einer Rheininsel bei Bingen

» 5 «
Blick auf Bingen und Bingerbrück sowie den Mäuseturm und die Burgruine
Ehrenfels auf der Bingen gegenüberliegenden Rheinseite

» 6 «
Assmannshausen mit Burg Rheinstein

»1«

»2«

»3«

»4«

» 5 «

» 6 «

» 1 «
Stadtansicht von Bacharach am Rhein mit der Ruine der Burg Stahleck

» 2 «
Blick auf St. Goar mit Burg Rheinfels

» 3 «
Blick auf den Loreley-Fels bei St. Goarshausen

» 4 «
Die Marksburg bei Braubach am Rhein

» 5 «
Blick von Pfaffendorf auf die Stadt Koblenz und die Festung Ehrenbreitstein

» 6 «
Passagierdampfer vor der Festung Ehrenbreitstein
und der Schiffbrücke über den Rhein

» 1 «

» 2 «

» 1 «
Denkmal Kaiser Wilhelms I. am Deutschen Eck in Koblenz am Zusammenfluss von Mosel und Rhein

» 2 «
Die Ruine Ehrenburg in der Nähe des Flusses Mosel

» 3 «
Ansicht der Burg Eltz an der Mosel, einer der bis heute am besten erhaltenen Burgen des Mittelalters

» 4 «
Eingang zur Burg Eltz

» 5 «
Ansicht der Stadt Cochem an der Mosel mit der Reichsburg

» 6 «
Blick auf die berühmte Moselschleife des Zeller Hamms und die Marienburg

» 3 «

»4«

»5«

»6«

» 1 «

» 2 «

» 3 «

» 1 «
Stadtansicht von Traben-Trarbach an der Mosel

» 2 «
Blick auf Trier

» 3 «
Die Porta Nigra, ehemals nördliches Stadttor der römischen Stadtbefestigung in Trier

» 4 «

» 5 «

» 6 «

» 4 «
Blick auf Andernach mit Rundem Turm und Liebfrauenkirche

» 5 «
Ansicht von Remagen mit dem Apollinarisberg links und der 1843 fertiggestellten Apollinariskirche

» 6 «
Die Landskrone bei Bad Neuenahr

»1«

»2«

»3«

»4«

»5«

» 1 «

» 2 «

» 3 «

» 4 «

» 5 «

» 1 «
Innenansicht des 1880 nach 600 Jahren fertiggestellten Kölner Doms

» 2 «
Ansicht der hölzernen Schiffsbrücke zwischen Köln und Deutz

» 3 «
Der Hohenstaufenring in Köln

» 4 «
Außenansicht der Kölner Kirche St. Gereon

» 5 «
Die Kölner Hahnentorburg auf dem Rudolfplatz war Teil
der mittelalterlichen Stadtbefestigung.

» 1 «

» 2 «

» 3 «

» 1 «
Kölner Milchhändlerin auf einer Weide mit Kindern, Eselskarren und Kühen

» 2 «
Blick auf Aachen

» 3 «
Außenansicht des Aachener Doms

»4«

»5«

»6«

»4«
Blick auf das Aachener Rathaus nach dem Brand von 1883, jedoch vor der Fertigstellung der Restaurierung im Jahr 1902

»5«
Der Elisenbrunnen in Aachen

»6«
Stadtansicht von Kleve mit Hafen und Schwanenburg

Zwischen Ruhrgebiet und Thüringer Wald

In das Ruhrgebiet in den preußischen Provinzen Westfalen und Rheinland wird sich um 1900 kein Tourist verirrt haben, auch gibt es von diesem Raum kaum Fotografien aus der Zeit. Dennoch lohnt ein Blick auf die bedeutendste Industrieregion des Deutschen Reichs entlang der Ruhr mit den Fabrikstädten Dortmund, Hörde, Witten, Bochum, Gelsenkirchen, Essen, Mülheim, Oberhausen und Duisburg. Das Rheinisch-Westfälische Kohlenbecken, wo man bereits frühzeitig förderte, umfasst etwa 4500 Quadratkilometer. Wurden im Jahr 1800 ca. 177 000 Tonnen Steinkohle zutage befördert, so waren es im Jahr 1902 bereits über 60 Millionen Tonnen bei 178 Zechen und 175 000 Beschäftigten. Auf dem von Kaiser Wilhelm II. 1899 feierlich eröffneten Dortmund-Ems-Kanal wurde die Kohle in die deutschen Nordseehäfen verschifft. Der 1914 fertiggestellte Rhein-Herne-Kanal stellte zu guter Letzt auch die Verbindung zum Rhein und zum Duisburger Hafen her.

Noch heute wichtige Unternehmen prägten das Ruhrgebiet: Bereits 1811 gründete Friedrich Krupp mit zwei Teilhabern in Essen eine Fabrik zur Herstellung von Gussstahl, die sein Sohn Alfred Krupp seit 1850 auch durch den Erwerb weiterer Erzlagerstätten, Kohlezechen und Hüttenwerke zu einem der bedeutendsten Unternehmen der Stahlindustrie ausbaute. Die von Alfred Krupp entwickelten bruchsicheren Eisenbahnreifen wurden 1875 als drei aufeinandergelegte Reifen zum weltbekannten Markenzeichen. Einen vergleichbaren Aufstieg konnte das 1871 in Mülheim gegründete Unternehmen Thyssen & Co. von August Thyssen verzeichnen, der bis 1891 alle Anteile des Steinkohlebergwerks und Stahlwerks Gewerkschaft Deutscher Kaiser bei Duisburg erworben hatte, was als Gründungsdatum des Thyssen-Konzerns gilt.

Das 1892 enthüllte Alfred-Krupp-Denkmal in Essen

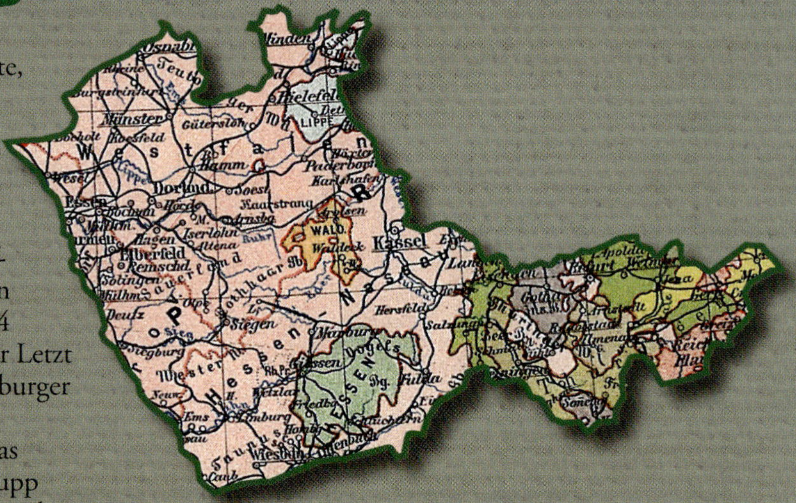

Die gesamte Region hatte sich im Laufe des 19. Jahrhunderts grundlegend gewandelt. Durch den massiven Bevölkerungszuwachs, nicht zuletzt durch den Zustrom polnischer Arbeiter, mussten die Städte ihre Infrastruktur umkrempeln, Arbeitersiedlungen entstanden, wie die berühmte Siedlung Eisenheim. Diese waren dabei gar nicht so unwohnlich, meist sogar mit Gärten hinter den Häusern. Nichtsdestotrotz verbesserten sich die Arbeitsbedingungen in den Werken und Hütten nur sehr langsam. Immer wieder kam es zu Bergarbeiterstreiks, die meist nicht zugunsten der Arbeiter endeten. 1905 erreichten die Bergleute immerhin eine Begrenzung der täglichen Arbeitszeit auf 8 ½ Stunden.

Herstellung und Weiterverarbeitung von Eisen in der Hütte Phoenix in Duisburg

Die Kruppsche Villa auf einer Bildpostkarte von 1898

Wappen und Reihenfolge der Fürsten zu Schaumburg-Lippe bis 1917 aus einem Münchner Kalender

Kennzeichnend für die Region zwischen Ruhrgebiet und Thüringer Wald ist die Vielstaaterei. Auf dem Weg nach Thüringen von der preußischen Provinz Westfalen kommend stößt man unter anderem auf die Fürstentümer Lippe und Waldeck, das Herzogtum Braunschweig, die preußische Provinz Hessen-Nassau sowie das Großherzogtum Hessen bis zu den Thüringischen Staaten mit preußischen Einsprengseln – ein Gebiet, das politisch schon ganz und gar ein Wirrwarr ist. Das Fürstentum Schaumburg-Lippe östlich von Minden z. B. mit gerade einmal 340 Quadratkilometern und nur etwa 35 400 Einwohnern (1880) ist von solcher Winzigkeit, dass es oftmals Gegenstand von Spötteleien wurde, wie dieser des Schriftstellers Hermann Löns:

> *Das Fürstentum ist nämlich sehr klein, doch wird seine Kleinheit von böswilligen Leuten vielfach stark vergrößert. So ist zum Beispiel nicht wahr, dass alle Kegelbahnen im Lande gekrümmt seien, weil sie sonst innerhalb der Landesgrenzen keinen Platz finden würden, auch ist es eine üble Nachrede, dass der Fürst in seinem Hauptjagdrevier, dem Schaumburger Walde, immer nur der Länge nach schieße, aus Angst, andernfalls königl. preußische Untertanen im Kreis Minden anzubleien.*

Politisch teilen sich den Thüringer Wald Preußen, Sachsen-Meiningen, Sachsen-Weimar, Sachsen-Coburg-Gotha, Schwarzburg-Rudolstadt,

Siedlung Eisenheim in Oberhausen

Schwarzburg-Sondershausen, Reuß und Bayern. Etwas weniger kompliziert steht es um den Kyffhäuser, dieser bildet lediglich die Grenze zwischen der preußischen Provinz Sachsen und der Unterherrschaft des Fürstentums Schwarzburg-Rudolstadt. Das 81 Meter hohe gigantische und von Weitem sichtbare Kyffhäuserdenkmal wurde 1896 fertiggestellt und ehrt Kaiser Wilhelm I., so wie das Deutsche Eck in Koblenz. Neben dem 1883 eingeweihten Niederwalddenkmal bei Rüdesheim am Rhein, dem Hermannsdenkmal im Teutoburger Wald oder dem Völkerschlachtdenkmal in Leipzig ist auch das Kyffhäuserdenkmal Ausdruck deutscher Selbstvergewisserung und zunehmenden Größenwahns.

Bildpostkarte vom Kyffhäuser aus dem Jahr 1910

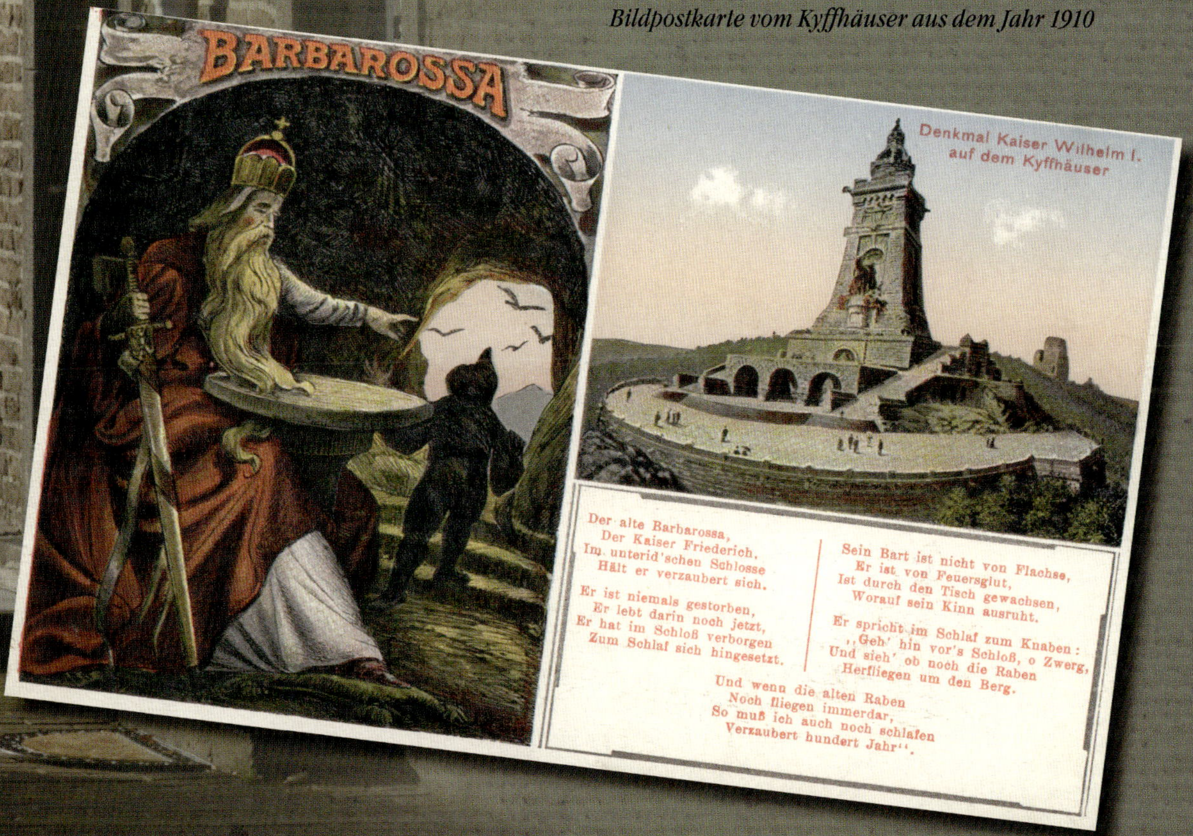

»1«

»2«

» 3 «

» 4 «

» 5 «

» 1 «
Die Johanniskirche in Düsseldorf

» 2 «
Blick auf die 1878–81 erbaute Kunsthalle in Düsseldorf

» 3 «
Diese Farblithografie zeigt Hochöfen des Eisen- und Stahlwerks Hoesch in Dortmund.

» 4 «
Auf dieser Bildpostkarte ist das 1899 von Kaiser Wilhelm II. eröffnete Schiffshebewerk bei Henrichenburg als Teil des Dortmund-Ems-Kanals zu sehen.

» 5 «
Die Externsteine im Teutoburger Wald

» 1 «

» 2 «

» 3 «

» 4 «

» 5 «

» 6 «

» 1 «
Stadtansicht von Bielefeld

» 2 «
Blick auf den Johannisberg in Bielefeld

» 3 «
Das 1875 eingeweihte Hermannsdenkmal in Hiddesen bei Detmold

» 4 «
Blick auf die Fuldabrücke in Kassel

» 5 «
Ansicht der 1894–97 erbauten neogotischen Lutherkirche in Kassel

» 6 «
Der Königsplatz in Kassel

» 1 «

» 2 «

» 3 «

» 4 «

» 5 «

» 1 «
Der große Sprudel in Bad Nauheim

» 2 «
Ansicht von Dom St. Georg und Schloss in Limburg an der Lahn

» 3 «
Blick auf Bad Ems an der Lahn

» 4 «
Blick vom Neroberg auf Wiesbaden

» 5 «
Das 1887 fertiggestellte Wiesbadener Rathaus im Stil der Neorenaissance

» 6 «
Trinkhalle des Kochbrunnens am Kranzplatz in Wiesbaden

» 1 «

» 2 «

» 3 «

» 1 «
Fontäne im Wiesbadener Kurpark

» 2 «
Kronberg im Taunus bei Frankfurt am Main

» 3 «
Stadtansicht von Frankfurt am Main mit dem Römerberg links und dem Kaiserdom St. Bartholomäus

»4«

»5«

»4«

Der Frankfurter Römerberg mit Gerechtigkeitsbrunnen und Nikolaikirche

»5«

Der Frankfurter Roßmarkt

»6«

Blick auf den Frankfurter Roßmarkt nach Norden hin mit dem 1858 eingeweihten Gutenbergdenkmal im Vordergrund und dem Goetheplatz und Goethedenkmal im Hintergrund

»1«

VICTORIA-SUBDIRECTION
Antiquitäten
J. & S. GOLDSCHMIDT
Von Februar 1899 ab hier.

»2«

J. A. ZOEPPRITZ

»3«

» 4 «

» 5 «

» 1 «
1896 fertiggestelltes Denkmal Kaiser Wilhelms I. in Frankfurt (1940 eingeschmolzen)

» 2 «
Die Kaiserstraße in Frankfurt

» 3 «
Blick auf den Marktplatz mit Markttreiben in Darmstadt

» 4 «
Schloss Auerbach im Odenwald

» 5 «
Blick von der Hohen Sonne auf dem Rennsteig im Thüringer Wald auf die

» 1 «

» 2 «

» 3 «

» 1 «
Blick auf die Villa Reuter, letzter Wohnsitz des Schriftstellers Fritz Reuter 1863–74, und die Wartburg im Hintergrund

» 2 «
Die Wartburg bei Eisenach wurde bis 1859 im historisierenden Stil wieder aufgebaut.

» 3 «
Lutherstube in der Wartburg

» 4 «

» 5 «

» 6 «

» 4 «
Sängersaal in der Wartburg

» 5 «
Burghof in der Wartburg

» 6 «
Stadtansicht von Friedrichroda im Thüringer Wald

» 1 «

» 2 «

» 1 «
Ansicht der St. Severikirche und des Doms in Erfurt

» 2 «
Parkanlage Venedig in Erfurt

» 3 «
Das 1857 von Ernst Rietschel eingeweihte Goethe-Schiller-Denkmal vor dem alten Weimarer Hoftheater. Das neue Theater im neoklassizistischen Stil, dessen Fassade man heute noch sehen kann, wurde erst 1907/08 gebaut.

» 4 «

» 5 «

» 6 «

» 4 «
Goethes Gartenhaus in Weimar

» 5 «
Blick auf das Liszthaus in Weimar, von Franz Liszt bewohnt 1869–86

» 6 «
Das Weimarer Schloss

» 1 «

» 2 «

» 3 «

» 4 «

» 5 «

» 6 «

» 1 «
Das Wohnhaus Friedrich Schillers 1802 bis zu seinem Tod 1805

» 2 «
Stadtansicht von Jena

» 3 «
Jenaer Marktplatz mit 1894 eingeweihtem Bismarckbrunnen

» 4 «
Jena Paradies, heute Teil des Volksparks Oberaue

» 5 «
Burgkeller in Jena

» 6 «
Blick auf den Fuchsturm bei Jena, ehemals Bergfried

»1«

»2«

»3«

» 4 «

» 5 «

» 1 «
Das 1883 geschaffene Burschenschaftsdenkmal in Jena

» 2 «
Forsthaus und 1874 fertiggestelltes Kriegerdenkmal bei Jena

» 3 «
Stadtansicht von Saalfeld an der Saale

» 4 «
Blick auf den Kyffhäuser mit dem Kaiser-Wilhelm-Denkmal

» 5 «
Frontale Ansicht des monumentalen Kyffhäuser-Denkmals

Von der Ems zur Elbe

Auch der Strandkorb ist eine Erfindung des 19. Jahrhunderts.

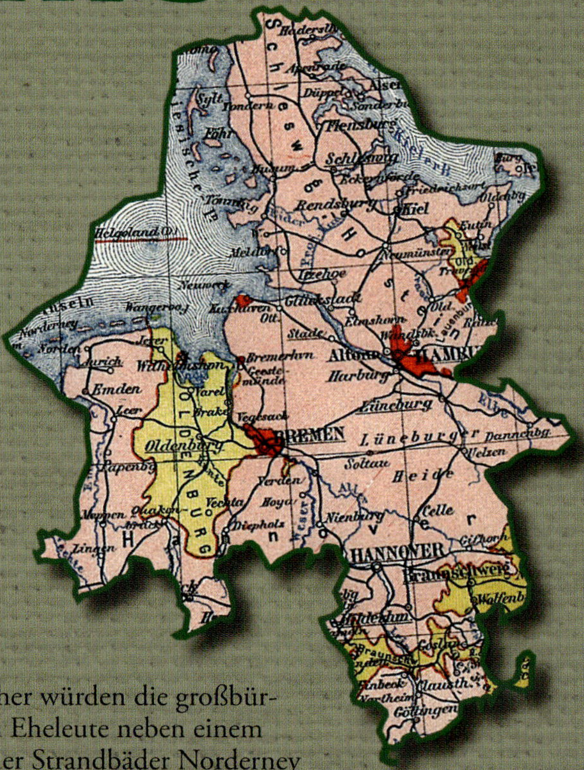

Ganz sicher würden die großbürgerlichen Eheleute neben einem Besuch der Strandbäder Norderney oder Borkum auch die Freie Hansestadt Hamburg besuchen, die nach London und Liverpool um 1900 die bedeutendste Handelsstadt Europas war. Vor allem würden sie an Binnen- und Außenalster promenieren, z. B. den Jungfernstieg oder die Alsterarkaden mit ihren Kaufläden, Hotels und Restaurants entlang. Hier liegt der Glanzpunkt Hamburgs. Zum Hafen selbst, der sich mit Ober- und Niederhafen sowie den Hafenbassins und Kaianlagen fast den ganzen Elbstrom entlangzieht, wird sich unser Pärchen höchstwahrscheinlich nicht verirren. Von Hafenromantik keine Spur. Hier herrscht rege Betriebsamkeit, bei der hohen Zahl an Schiffen, die

Plakat der Hapag um 1890

in den Hamburger Hafen einlaufen und ihn wieder verlassen: 1885 beispielsweise kamen 6790 Seeschiffe an, darunter 4478 Dampfschiffe, mit insgesamt 106478 Mann Besatzung; in See gestochen sind wiederum 6798 Schiffe. Überwogen bis 1860 noch die Segelschiffe, so wurden für den Güter- als auch für den Personenverkehr und vor allem für die Beförderung nach Übersee bald die Dampfschiffe bevorzugt.

Da die Hansestadt Hamburg 1888 in das Zollgebiet des Deutschen Reichs eingegliedert wurde, hatte man bereits 1883 mit dem Bau der jetzt unter Denkmalschutz stehenden Speicherstadt am Sandtorhafen begonnen, die als Freihafen den deutschen Zollbeschränkungen nicht unterlag. Sie war um 1900 der größte Lagerhauskomplex der Welt.

Nun war Hamburg nicht nur als Lager- und Umschlagplatz von immenser Bedeutung, sondern neben Bremerhaven auch die wichtigste Anlaufstelle für all diejenigen, die nach Amerika auswandern wollten, um der Armut zu entkommen, politischer und religiöser Verfolgung zu entgehen oder schlicht ihr Glück zu machen.

Blick in eine Auswandererbaracke der Hapag am Amerika-Kai vor dem Umzug auf die Veddel

Über fünf Millionen Menschen brachen zwischen 1850 und 1934 von Hamburg aus in die Neue Welt auf, viele von ihnen kamen aus Polen, Rumänien oder Russland, darunter auch zahlreiche Juden. Den großen Reedereien wie dem Bremer Norddeutschen Lloyd oder der Hamburg-Amerikanischen Packetfahrt AG (Hapag) kam der Ansturm zugute. 1901 bis 1906 ließ Albert Ballin, der Generaldirektor der Hapag, auf der Veddel – zum damaligen Zeitpunkt vom Stadtzentrum weit entfernt – Auswandererhallen errichten, wo Tausende Menschen auf ihre Überfahrt warteten.

Diese Abbildung verdeutlicht die Größe des Hapag-Schnelldampfers „Amerika".

Neben den Auswanderern kamen auch viele Arbeiter aus dem Umland nach Hamburg – die Zuwanderungsrate lag dabei sogar über derjenigen Berlins. Die Trinkwasserversorgung sowie die Abwasserentsorgung in den Arbeitervierteln war z. T. katastrophal, der Hamburger Senat schlicht ignorant gegenüber den neuesten Erkenntnissen Robert Kochs zu Infektionskrankheiten. 1892 wütete die Cholera in Hamburg, die über 8000 Todesopfer forderte, aber auch im Anschluss die dringend benötigte Erneuerung und Erweiterung der Kanalisation als auch der Trinkwasserreinigung mit sich brachte.

Die hygienischen Verhältnisse waren im Hamburger Gängeviertel, hier auf einer Fotografie von 1898, vor Ausbruch der Cholera ganz besonders katastrophal.

Insel Helgoland aus der Vogelperspektive

Fotografie eines kleinen Jungen als Matrose in einer Takelage um 1885

Neben Handelsplätzen wie Hamburg waren freilich auch die Reichskriegshäfen Kiel an der Ostsee und Wilhelmshaven an der Nordsee von zunehmender Bedeutung, zumal für den marinebegeisterten Kaiser Wilhelm II. der Ausbau der Flotte eine Herzensangelegenheit war. Auf Betreiben des Admirals Alfred von Tirpitz, Staatssekretär im Reichsmarineamt, wurde im Jahr 1900 das zweite Flottengesetz verabschiedet, das ein noch umfangreicheres Ausbauprogramm der Flotte vorsah. Dass Deutschland damit das Flottenwettrüsten mit England befeuerte und sich in der europäischen Staatenlandschaft zusehends isolierte, wurde vom Kaiser gern in Kauf genommen. Die Insel Helgoland, die erst ab 1890 zum Deutschen Reich gehörte, entwickelte sich schnell zum Marinestützpunkt in der Nähe des 1895 eröffneten Kaiser-Wilhelm-Kanals (heute Nord-Ostsee-Kanal) von Brunsbüttel nach Kiel. Dieser strategisch wichtige Kanal, der Nord- und Ostsee miteinander verbindet, musste nach 1906 sogar noch ausgebaut und erweitert werden, damit ihn neu gebaute schwere Kriegsschiffe passieren konnten.

Vereine wie der Deutsche Flottenverein, der Alldeutsche Verband oder der Deutsche Kolonialverein, die mehr und mehr Mitglieder akquirieren konnten, trugen ihren Teil dazu bei, dass sich auch die deutsche Bevölkerung für die Marine begeisterte. Die Mode, kleine Jungs in Matrosenkostüme zu stecken, hatte um diese Zeit Hochkonjunktur.

Am 27. Juli 1900 hielt Kaiser Wilhelm II. im Übrigen seine berüchtigte und berühmte „Hunnenrede“ in Bremerhaven zur Verabschiedung des deutschen Expeditionskorps, das den Boxeraufstand in China im Verbund mit anderen europäischen Großmächten niederschlagen sollte. Der Vergleich deutscher Soldaten mit erbarmungslosen Hunnen und der Appell, kein Pardon zu geben und keine Gefangenen zu machen, schürten das Misstrauen im Ausland gegen das als unberechenbar geltende Deutsche Reich weiter.

Kaiser Wilhelm II. verabschiedet in Bremerhaven das Expeditionskorps und hält dabei seine berüchtigte „Hunnenrede“.

» 1 «

» 2 «

» 3 «

» 4 «

» 5 «

» 1 «
Ansicht von Goslar mit der Neuwerkkirche rechter Hand

» 2 «
Das Gewandhaus in Goslar

» 3 «
Die Marktstraße in Goslar

» 4 «
Ansicht des Hauptbrunnens in Bad Pyrmont

» 5 «
Ansicht der Osterstraße in Hameln mit dem Leistschen Haus und dem Stiftsherrenhaus auf der rechten Straßenseite

» 1 «

» 2 «

» 3 «

» 4 «

» 5 «

» 1 «
Das Rattenfängerhaus in Hameln

» 2 «
Das Tempelhaus in Hildesheim

» 3 «
Andreasplatz mit Pfeilerhaus in Hildesheim

» 4 «
Klein-Venedig in Hildesheim

» 5 «
Der Fluss Innerste in Hildesheim an der Großen Venedig

» 1 «

» 2 «

» 3 «

» 4 «

» 5 «

» 6 «

» 1 «
Blick über den Hagenmarkt mit dem Denkmal Herzog Heinrichs des Löwen auf die Kirche St. Katharinen in Braunschweig

» 2 «
Ansicht des Braunschweiger Kohlmarktes

» 3 «
Das Löwendenkmal auf dem Braunschweiger Burgplatz

» 4 «
Blick auf den Hauptbahnhof in Hannover mit dem 1861 enthüllten Reiterstandbild König Ernst Augusts von Hannover

» 5 «
Der Ernst-August-Platz am Hauptbahnhof

» 6 «
Ansicht der Georgstraße in Hannover

»1«

»2«

» 3 «

» 4 «

» 1 «
Das Leibniz-Haus in Hannover

» 2 «
Die Köbelingerstraße in Hannover mit Blick auf die Marktkirche und das Alte Rathaus rechter Hand

» 3 «
Blick vom Marktplatz auf den Schütting in Bremen, ehemals Gildehaus der Kaufleute, um 1900 Sitz der Handelskammer

» 4 «
Bremer Marktplatz mit Roland

»1«

»2«

»3«

» 4 «

» 5 «

» 1 «
Die Meierei im Bremer Bürgerpark

» 2 «
Blick vom Kaiser-Wilhelm-Platz auf das Bremer Rathaus und den Dom St. Peter

» 3 «
Ansicht des 1895 fertiggestellten Gerichtshauses in Bremen. Im Vordergrund das Gustav-Adolf-Denkmal, das 1942 eingeschmolzen wurde

» 4 «
Blick auf das Bremer Hotel Hillmann am Herdentor, zerstört 1944

» 5 «
Der Bremer Freihafen

» 6 «
Der Marktplatz in Bremerhaven

» 6 «

»1«

»2«

»3«

»4«

» 5 «

» 7 «

» 6 «

» 1 «
Das Promenadendeck auf dem Reichspostdampfer „Großer Kurfürst" des Norddeutschen Lloyd

» 2 «
Strand und Hotels auf Borkum

» 3 «
Blick auf einen Badestrand auf Borkum

» 4 «
Badestrand auf Norderney

» 5 «
Strandleben auf Norderney

» 6 «
Blick auf Helgoland von der östlich vorgelagerten Düne

» 7 «
Ansicht des Konversationshauses auf Helgoland

»1«

»2«

»3«

» 4 «

» 5 «

» 6 «

» 1 «
Die Kaiserstraße auf Helgoland mit dem Konversationshaus rechter Hand

» 2 «
Helgoländerinnen in Nationaltracht

» 3 «
Ansicht der Großen Treppe auf Helgoland

» 4 «
Blick auf Oststrand und Südspitze von Helgoland

» 5 «
Deckpromenade auf dem Reichspostdampfer „Kaiserin Maria Theresia“ des Norddeutschen Lloyd

» 6 «
Blick auf die Hamburger Alsterarkaden und das Hotel St. Petersburg

» 1 «

» 2 «

» 3 «

» 1 «
Blick auf den Hamburger Jungfernstieg um 10 Uhr morgens

» 2 «
Menschenmenge vor der Hamburger Börse am Adolfsplatz

» 3 «
Die Dammtorstraße in Hamburg

» 4 «

» 5 «

» 6 «

» 4 «
Der Holländische Brook in der Hamburger Speicherstadt

» 5 «
Blick auf den Sandtorhafen mit den offenen Lagerschuppen und die dahinter liegende Speicherstadt. Rechts die beiden Schornsteine des Kesselhauses zur Energieerzeugung des Freihafens

» 6 «
Hafen bei St. Pauli

» 1 «

» 2 «

» 3 «

» 4 «

» 1 «
Hamburger Segelschiffhafen

» 2 «
Zwei Vierländerinnen in Tracht

» 3 «
Stadtansicht von Lübeck

» 4 «
Blick über den Mühlenteich auf den Lübecker Dom
und das Naturhistorische Museum

» 1 «

» 2 «

» 3 «

» 4 «

» 1 «
Blick vom Turm der Petrikirche auf die Lübecker Marienkirche

» 2 «
Das Lübecker Burgtor

» 3 «
Blick vom Wall auf die Lübecker Marienkirche

» 4 «
Die Levensauer Hochbrücke spannt sich bei Kiel über den Kaiser-Wilhelm-Kanal.

» 1 «

» 2 «

» 3 «

» 1 «
Feierliche Zeremonie 1895 anlässlich der Eröffnung des Kaiser-Wilhelm-Kanals

» 2 «
Blick auf Schloss und Seegarten in Kiel

» 3 «
Ansicht des Kieler Hafens von den Seegartenbrücken aus mit einem Dampfer für Hafenrundfahrten im Vordergrund

» 4 «

» 5 «

» 6 «

» 4 «
Das Panzerschiff „SMS Kurfürst Friedrich Wilhelm“, das im Sommer 1900 ebenfalls nach China zur Bekämpfung des Boxeraufstands auslief

» 5 «
Stadtansicht von Flensburg

» 6 «
Promenade in Flensburg

Von der Ostsee zum Erzgebirge

Auf der weiteren Reise, die Ostseeküste entlang, sind die Ostseebäder wie Ahlbeck oder Heringsdorf, die Insel Rügen mit den berühmten Wissower Klinken – schon um 1900 ein begehrtes Fotomotiv –, die pittoresken Ostseestädte Schwerin, Wismar, Rostock, Stralsund oder Greifswald besonders lohnenswerte Ziele, die bis heute nicht an Attraktivität eingebüßt haben. Dass sich dennoch manches verändert hat, wird nicht nur an den Wissower Klinken deutlich, die im Jahr 2005 abgebrochen und ins Meer gestürzt sind.

Schaut man einmal auf die Verfassungen der deutschen Staaten im Deutschen Reich um 1900, so war die Verfassung von Mecklenburg, welches die beiden Großherzogtümer Mecklenburg-Schwerin und Mecklenburg-Strelitz beinhaltete, tatsächlich die rückständigste im ganzen Reich. In den Bundesstaaten Baden, Württemberg und Elsass-Lothringen galt auf Landesebene bereits das allgemeine, gleiche Wahlrecht ohne Einschränkungen – sieht man davon ab, dass Frauen das Wahlrecht versagt blieb. Durften in Bayern nur Steuerzahler ihr allgemeines, gleiches Wahlrecht in Anspruch nehmen, so galt in Preußen das Dreiklassenwahlrecht, ein allgemeines, ungleiches und indirektes Wahlrecht. Nur Mecklenburg hinkte noch hinter diesen wenig modernen Regelungen hinterher – indem es überhaupt kein Wahlrecht hatte. Dort lagen sämtliche Angelegenheiten in den Händen der Stände. Das heißt, dass nur die Landschaft (das sind 48 Städte) und die Ritterschaft (also alle Besitzer ritterschaftlicher Güter) landtagsfähig waren. Kurz gesagt: Staatsbürgerliche Rechte waren immer noch an den Besitz von Grund und Boden geknüpft, was praktisch mittelalterlichen Herrschaftsstrukturen entsprach. Für die Bevölkerung Mecklenburgs war dies besonders frustrierend, da sie ja an den allgemeinen, freien und direkten Reichstagswahlen teilnehmen konnte. Bis 1918 änderte sich trotz zahlreicher Reformbemühungen dennoch nichts an der reichsweit einzigartigen, kuriosen Verfassung.

Diese Bildpostkarte um 1900 zeigt zwei Fischer in Karlshagen auf der Insel Usedom.

Der Farbdruck in der Zeitschrift „Galante Welt" mit dem Titel „Leichtsinn" zeigt die Möglichkeiten des Amüsements im Jahr 1904.

Auf dem Weg nach Sachsen fährt unser Ehepaar selbstverständlich über Berlin, die industrielle Hauptstadt des Reichs um 1900 mit etwa 6000 Fabriken und mehr als 200 000 Gewerbebetrieben. Bis 1910 wuchs die Bevölkerung Berlins auf 2,3 Millionen an, die Vorstädte eingerechnet waren es sogar bis zu vier Millionen. Um den städtebaulichen Wildwuchs in geordnete Bahnen zu lenken, entwickelte Stadtbaurat James Hobrecht bereits 1862 den später nach ihm benannten Bebauungsplan für Berlin, der Ring- und Ausfallstraßen vorsah sowie den Bau eines leistungsfähigen Kanalisations- und Wasserversorgungsnetzes. Genaue Bauvorschriften lieferte der Plan jedoch nicht und so entstanden die berüchtigten Berliner Mietskasernen, die meist Innenhöfe von nur 5,34 x 5,34 Metern aufwiesen – die minimale Größe, um eine Feuerspritze zu wenden. Um 1900 waren die Lebensbedingungen in diesen Wohnblöcken nach wie vor schlecht: Durchschnittlich teilten sich immer noch vier Personen eine Einraumwohnung und die Einquartierung von Schlafgängern tagsüber half der Familie, die Miete zu zahlen.

Blick in eine Stube ohne Heizvorrichtung, zugleich Arbeitsraum, in der Ritterstraße in Berlin

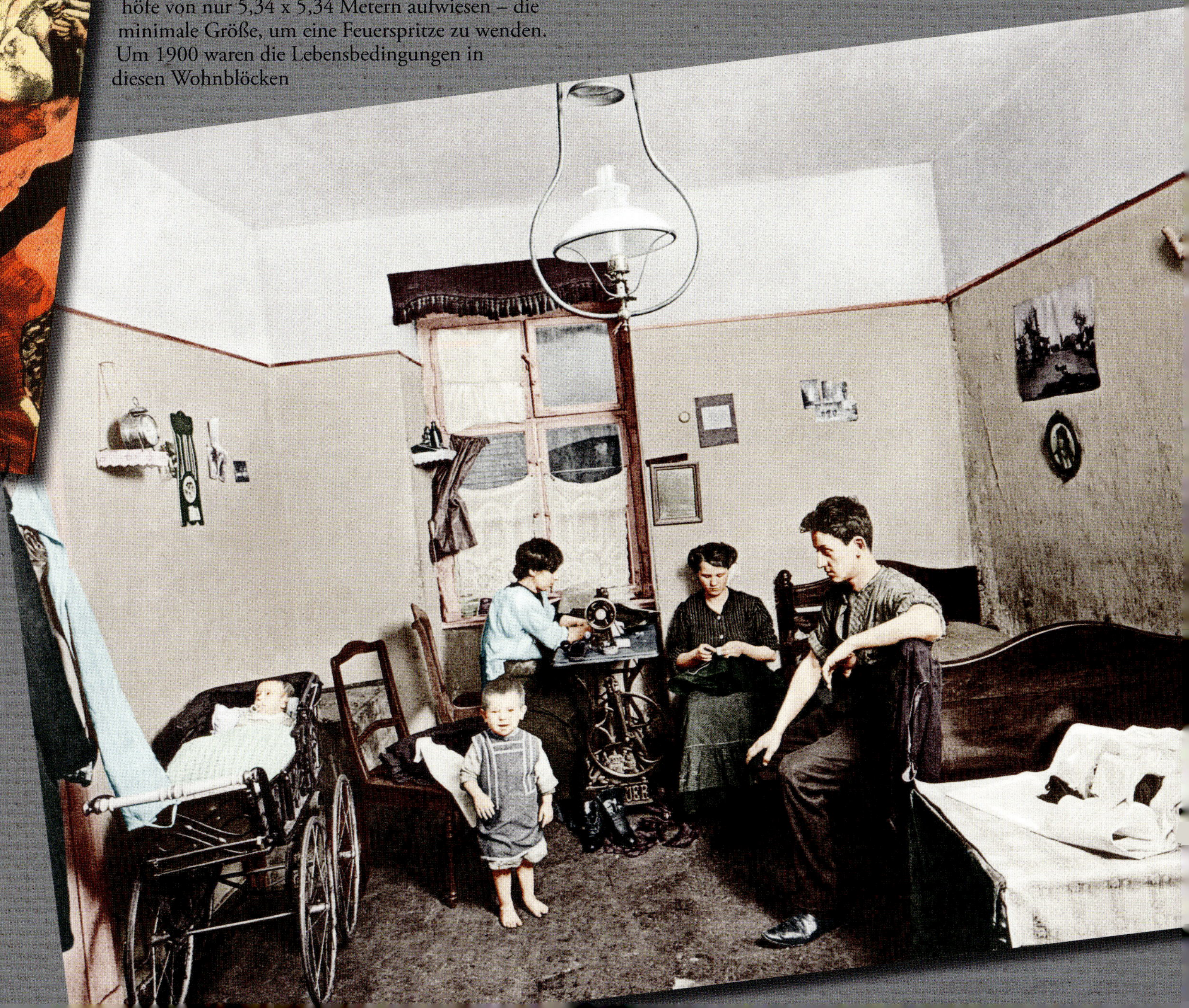

1882 fährt Werner von Siemens in Berlin-Halensee zum ersten Mal ein „Electromote“, den ersten Oberleitungsbus der Welt.

Innenansicht des Kaufhauses Wertheim in der Leipziger Straße in Berlin um 1900

Zugleich war Berlin bereits 1900 eine Stadt des Amüsements mit zahlreichen Kabaretts und Varietés wie dem Wintergarten, mit Opern, Theater, und Museen sowie mit ersten Warenhäusern. Die erste Filiale der Gebrüder Wertheim in Berlin wurde 1885 eröffnet. Weitere folgten, unter anderem auch das Kaufhaus des Westens 1905. Im Übrigen spielte Berlin auch eine zentrale Rolle für Wissenschaft und Technik dieser Zeit. An Charité und Friedrich-Wilhelms-Universität forschten und lehrten unter anderem Theodor Mommsen, Hermann von Helmholtz, Robert Koch, Rudolf Virchow ebenso wie Otto Hahn und Lise Meitner, Wilhelm Conrad Roentgen, Hans Geiger oder Max Planck.

Weiter geht die Fahrt nach Dresden, in die Residenz und Hauptstadt des Königreichs Sachsen, um 1900 mit etwa 250 000 Einwohnern bereits Großstadt und durch Fremdenverkehr und Industrie emporstrebende Handelsstadt. Raddampfer prägen die Fotochrome mit Elbmotiven. In Dresden wurde bereits 1836 die Elbdampfschiffahrts-Gesellschaft gegründet, die 1901 mit schon 36 Dampfschiffen 3 460 151 Fahrgäste beförderte. Heute kann die Sächsische Dampfschifffahrt auf die älteste und größte Raddampferflotte der Welt stolz sein.

1885 waren nur noch 40 Prozent der Einwohner Dresdens auch dort geboren – wie in München, Hamburg und Berlin wanderten viele Menschen zu. Generell wies Sachsen unter allen europäischen Staaten die größte Bevölkerungsdichte auf und verzeichnete mit 58 Prozent einen weit höheren Anteil an Arbeitsplätzen in Industrie, Bergbau, Hütten- und Bauwesen als in der Land- und Forstwirtschaft mit nur 20 Prozent. Damit war Sachsen die absolute Ausnahme unter den deutschen Bundesstaaten, ähnlich verhielt es sich nur in Berlin und den Hansestädten. In Freiberg wurde im Übrigen 1765 mit der Bergakademie die erste montanwissenschaftliche Hochschule der Welt gegründet. 1863 und 1886 gelang es Forschern der Akademie, die chemischen Elemente Indium und Germanium nachzuweisen, die heute für Fotovoltaik, Displays und Glasfaserkabel unentbehrlich sind. Doch sind dies Neuerungen, von denen unser nach Schlesien weiterreisendes Ehepaar nicht einmal träumte.

Bildpostkarte zu Loschwitz bei Dresden um 1900

»1«

»2«

»3«

» 4 «

» 5 «

» 1 «

» 2 «

» 4 «

» 5 «

» 1«
Alter Markt und Nikolaikirche in Stralsund

» 2 «
Das im Stil des Neoklassizismus 1872 wiederaufgebaute Schloss Putbus
auf der Insel Rügen (abgerissen 1962)

» 3«
Ansicht der Wilhelmstraße in Binz auf Rügen

» 4 «
Blick auf den Hafen in Sassnitz auf Rügen

» 5 «
Strandhotel in Sassnitz

» 1 «

» 2 «

» 3 «

»4«

»5«

» 1 «

» 2 «

» 3 «

» 4 «

» 5 «

» 1 «
Strand in Ahlbeck auf Usedom

» 2 «
Blick zur Seebrücke in Ahlbeck

» 3 «
Ahlbecker Strandleben

» 4 «
Blick auf den Berliner Königsplatz mit der Siegessäule, die bis 1939 noch vor dem 1894 fertiggestellten Reichstag stand

» 5 «
Das Brandenburger Tor

» 1 «

» 2 «

» 3 «

» 4 «

» 5 «

» 1 «
Unter den Linden/Ecke Friedrichstraße mit dem Café Bauer links

» 2 «
Blick auf den Gendarmenmarkt mit dem 1821 eröffneten Königlichen Schauspielhaus und dem Französischen Dom

» 3 «
Die Straße Unter den Linden mit Blick zur Oper (heute Staatsoper Unter den Linden), zu Prinzessinnen- und Kronprinzenpalais sowie zum Stadtschloss

» 4 «
Blick vom Opernhaus nach Westen auf die Straße Unter den Linden mit dem Reiterdenkmal Friedrichs des Großen

» 5 «
Die Neue Wache Unter den Linden

» 1 «

» 2 «

» 3 «

» 4 «

» 5 «

» 1 «
Blick zum Zeughaus, 1880 umgestaltet zu einer Ruhmeshalle der brandenburgisch-preußischen Armee

» 2 «
Ansicht des 1905 eröffneten Berliner Doms

» 3 «
Blick vom Alten Museum auf die Nordfassade des Stadtschlosses und das Reiterdenkmal des Königs Friedrich Wilhelm III.

» 4 «
Blick auf die Friedrichsbrücke und die Berliner Börse

» 5 «
Die Kurfürstenbrücke mit einem Reiterstandbild des Großen Kurfürsten mit Blick auf den Schlossplatz und das Stadtschloss

»1«

»3«

»2«

» 4 «

» 5 «

» 1 «

Der Neptunbrunnen auf dem Schlossplatz in Berlin, im Hintergrund die Südfassade des Stadtschlosses

» 2 «

Das Hallesche Tor in Berlin

» 3 «

Der 1888–94 angelegte Viktoriapark mit Wasserfall und Kreuzbergdenkmal in Berlin-Kreuzberg

» 4 «

Stadtansicht von Potsdam mit der Garnisonkirche links, dem Lustgarten mit Stadtschloss in der Mitte und der Nikolaikirche rechts

» 5 «

Schloss Sanssouci in Potsdam

» 1 «

» 2 «

» 3 «

» 1 «
Schloss Babelsberg in Potsdam

» 2 «
Blick von Schloss Babelsberg auf die Havel und die Glienickerbrücke

» 3 «
Die Matrosenstation Kongsnæs am Jungfernsee in Potsdam

» 4 «
Gondelstation im Wörlitzer Park zwischen Dessau und Wittenberg

» 5 «
Blick vom Park über den Wörlitzer See auf Schloss und Stadtkirche in Wörlitz

» 6 «
Das Schloss in Dessau, von Norden her gesehen

» 7 «
Blick über die Mulde auf das Dessauer Schloss

»4«

»5«

»6«

»7«

» 1 «

» 2 «

» 1 «
Magdeburg mit Dom, von der Zitadelle aus gesehen

» 2 «
Der Alte Markt in Magdeburg mit Blick auf das Rathaus und die St. Johanniskirche

» 3 «
Fontäne und Breiter Weg in Magdeburg

» 4 «
Stadtansicht von Halberstadt im nördlichen Harzvorland mit (v. l. n. r.) Martinikirche, Dom St. Stephan und Liebfrauenkirche

» 5 «
Stadtansicht von Gernrode im Harz bei Quedlinburg

»3«

»4«

»5«

» 1 «

» 2 «

» 3 «

» 4 «

» 5 «

» 1 «
Suderode im Harz bei Gernrode

» 2 «
Blick auf Alexisbad bei Harzgerode

» 3 «
Ansicht des Schlosses in Wernigerode, bis 1881 im Stil des Historismus umgebaut

» 4 «
Das Rathaus in Wernigerode

» 5 «
Personenzug mit zwei hintereinander gekoppelten Dampfloks auf der 1898/99 eröffneten Brockenbahn

» 1 «

» 2 «

» 1 «
Das Brockenhaus auf dem 1141 Meter hohen Brocken

» 2 «
Der Marktplatz in Halle an der Saale mit Altem und Neuem Rathaus

» 3 «
Der Hallenser Marktplatz mit Blick auf den Roten Turm und die Marienkirche

» 4 «
Blick über die Saale auf die Moritzburg in Halle

» 5 «
Blick auf Burg Giebichenstein in Halle und die 1892 errichtete Stahlbrücke, die bereits 1926 durch eine heute noch existierende Stahlbetonbrücke ersetzt wurde

»3«

»4«

»5«

» 1 «

» 2 «

» 3 «

» 1 «

Blick auf die Saale und Burg Giebichenstein sowie rechter Hand den wie Giebichenstein im Jahr 1900 in Halle eingemeindeten Stadtteil Kröllwitz

» 2 «

Der Leipziger Marktplatz mit dem Alten Rathaus rechter Hand

» 3 «

Das Siegesdenkmal auf dem Leipziger Markt

» 4 «

» 5 «

» 6 «

» 4 «
Blick auf das 1882–84 erbaute Leipziger Gewandhaus,
im Hintergrund die Universitätsbibliothek

» 5 «
Blick vom Augustusplatz mit dem 1886 enthüllten Mendebrunnen
auf das Augusteum, das Hauptgebäude der Universität Leipzig

» 6 «
Ansicht des 1886–88 erbauten Börsengebäudes der
deutschen Buchhändler in Leipzig

» 1 «

» 2 «

» 3 «

» 1 «

Die Elstertalbrücke bei Jößnitz im Vogtland ist nach der nahe gelegenen Göltzschtalbrücke noch heute die zweitgrößte Ziegelsteinbrücke der Welt.

» 2 «

Kurhaus in Bad Elster im Vogtland

» 3 «

Blick über die Zschopau auf die Stadt Waldheim

» 4 «

» 5 «

» 4 «
Ansicht der Burg Kriebstein bei Waldheim

» 5 «
Blick über die Elbe auf die Albrechtsburg
und den Dom in Meißen

» 1 «

» 2 «

» 1 «
Blick auf die Augustusbrücke und die Altstadt von Dresden mit Hofkirche, Zwinger und Semperoper

» 2 «
Blick auf „Helbig's Etablissement/Italienisches Dörfchen“ an der Semperoper

» 3 «

» 4 «

» 5 «

» 3 «
Die Brühlsche Terrasse, von der Hofkirche aus gesehen

» 4 «
Ansicht Dresdens mit Frauenkirche, Hofkirche, Schloss und Semperoper

» 5 «
Markttag auf dem Dresdner Altmarkt rund um das Siegesdenkmal zum Gedenken an gefallene Dresdner im deutsch-französischen Krieg 1870/71

» 1 «

» 2 «

» 3 «

» 1 «
Der Dresdner Altmarkt mit Blick auf die Kreuzkirche und das Siegesdenkmal

» 2 «
Blick auf Loschwitz bei Dresden mit einem Raddampfer im Vordergrund und der 1893 fertiggestellten und bis 1912 so bezeichneten König-Albert-Brücke (im Volksmund „Blaues Wunder“)

» 3 «
Blick auf die 1895 eröffnete Standseilbahn in Loschwitz

Hôtel
Hirsch,
urant.
Park-Hôtel
Separirtes
Logir-u. Pensionshaus

»4«

»5«

» 1 «

» 2 «

» 3 «

» 4 «

» 5 «

» 3 «
Ansicht der 1851 erbauten Basteibrücke

» 4 «
Blick auf Bad Schandau im Elbsandsteingebirge

» 5 «
Besucher beim sogenannten Kuhstall, einem Felsentor auf dem Neuen Wildenstein im Elbsandsteingebirge

» 1 «

» 2 «

» 1 «
Bad Schweizermühle im Bielatal im Elbsandsteingebirge

» 2 «
Blick auf die Herkulessäulen zwischen Schweizermühle und Ottomühle im Bielatal

» 3 «

» 4 «

» 5 «

» 3 «
Blick über die Neiße auf die Pfarrkirche St. Peter und Paul
und die Alte Brücke in Görlitz

» 4 «
Ansicht der 35 Meter hohen Eisenbahnbrücke über die Neiße bei Görlitz

» 5 «
Stadtansicht von Zittau in der Oberlausitz

» 1 «

» 2 «

» 1 «
Der 1876 angelegte Weinaupark in Zittau

» 2 «
Eine Gondelfahrt am Nonnenfelsen bei Jonsdorf im Zittauer Gebirge

» 3 «
Blick vom Berg Oybin auf den Kurort Oybin im Zittauer Gebirge

» 4 «
Der Oybin und das Kloster Oybin, vom Hausgrund aus gesehen

» 5 «
Berg Oybin mit Bergkirche im Vordergrund

»3«

»4«

»5«

Jenseits der Oder

Die wechselhafte Geschichte der Gebiete jenseits der Oder ist eng verknüpft mit dem Schicksal Polens, welches seit dem ausgehenden 18. Jahrhundert bis 1918 von der Landkarte verschwunden war. In den Jahren 1772, 1793 und 1795 wurde Polen zur Gänze zwischen Russland, Österreich und Preußen aufgeteilt. Preußen erlangte mit den neu hinzugekommenen Provinzen Westpreußen einschließlich der Stadt Danzig, mit Neuostpreußen und Südpreußen einschließlich der Woiwodschaft Posen und der Stadt Warschau seine nach Osten hin größte Ausdehnung. 1807 wurden die Grenzen durch Napoleon Bonaparte und 1815 nochmals durch den Wiener Kongress neu geordnet, sodass unter anderem das Gebiet um Warschau, ein Teil der Region Posen und Neuostpreußen zunächst an „Kongress-Polen“ und anschließend an das russische Kaiserreich fielen. Preußen erhielt letztlich 1815 seine auch im Jahr 1900 noch gültigen Grenzen.

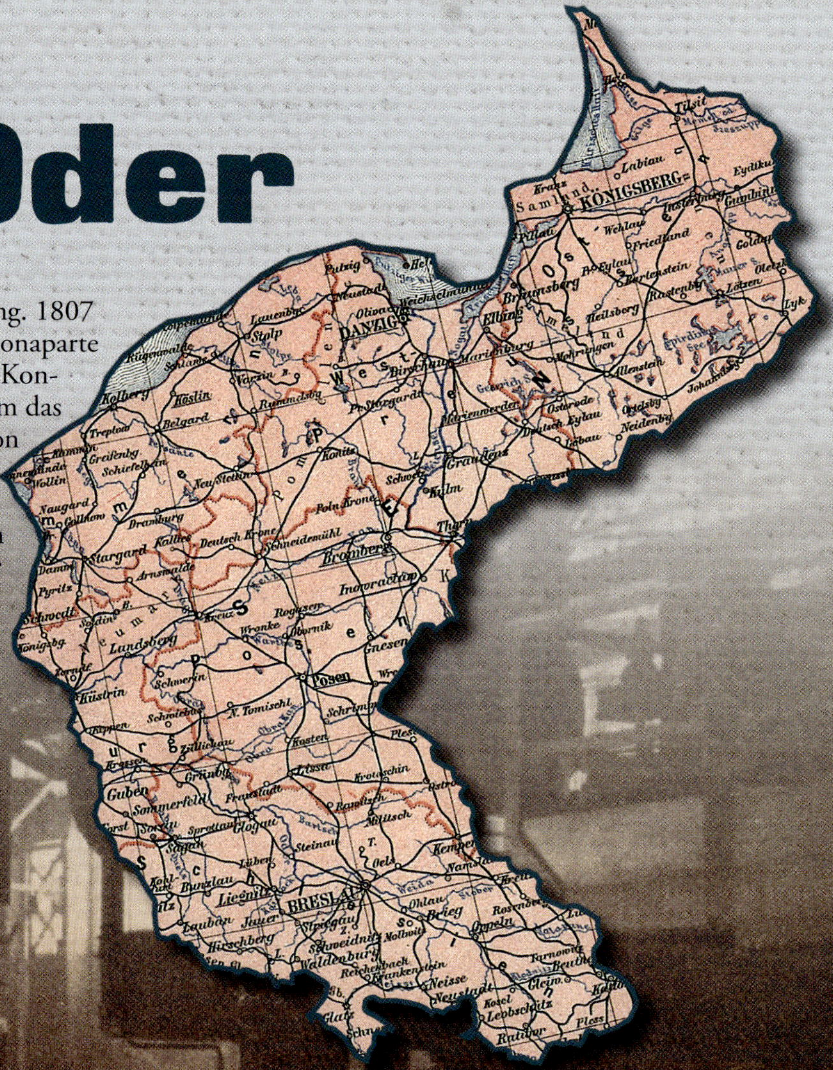

Blick in das Walzwerk in Gleiwitz in Oberschlesien

Schlesien war bereits nach den Schlesischen Kriegen und dem Siebenjährigen Krieg von Österreich an Preußen abgetreten worden. Hinterpommern gehörte schon seit dem Westfälischen Frieden 1648 zum Kurfürstentum Brandenburg und war nach 1815 Teil der preußischen Provinz Pommern, wozu auch Vorpommern diesseits der Oder gehörte – im 17. und 18. Jahrhundert ein stetiger Zankapfel zwischen Brandenburg und Schweden. Ostpreußen schließlich war einst, wie auch Westpreußen, größtenteils ein Gebiet des Deutschen Ritterordens. 1618 fiel das dann 1525 gegründete Herzogtum Preußen mit der Hauptstadt Königsberg an Brandenburg und wurde 1701 zum Königreich Preußen erhoben, indem sich der brandenburgische Kurfürst selbst zum König in Preußen krönte.

Die preußischen Provinzen jenseits der Oder jedenfalls – so viel ist sicher deutlich geworden – wiesen um 1900 je ihre eigene Geschichte auf, auch in Hinblick auf ihre industrielle Entwicklung. Das Gebiet Schlesien z. B. war schon aufgrund seiner Bodenschätze ein außerordentlicher Gewinn. Die größte Steinkohleablagerung des europäischen Festlandes findet sich dort, um genau zu sein in Oberschlesien, westlich von Kattowitz (heute Katowice). Tatsächlich wurde auf der Gleiwitzer Hütte 1796 der erste Kokshochofen Preußens gebaut und auf dem Bleiwerk Friedrichsgrube bei Tarnowitz (heute Tarnowskie Góry) wurde 1788 die erste Dampfmaschine Deutschlands aufgestellt. 35 Prozent der Bevölkerung waren 1885 in der Industrie tätig, darunter im Bergbau, in der Leinwandfabrikation, in der Hütten- und Eisenindustrie und in Maschinenfabriken.

Unter Friedrich dem Großen avancierte Preußen zur Großmacht.

In der Provinz Pommern, und vor allem in Hinterpommern, sah es ganz anders aus. Industrie gab es im Prinzip nur in Stettin und der Umgegend. In Pommern hatte zudem, wie in Mecklenburg auch, der preußische Gutsbesitzer das Sagen. Der Anteil Adliger in Verwaltungspositionen war jenseits der Oder auf jeden Fall weit größer als z. B. in der eher liberalen Rheinprovinz. Franz Rehbein beschreibt in seiner Autobiografie „Das Leben eines Landarbeiters“ von 1911, wie man sich Hinterpommern um 1900 ungefähr vorstellen kann:

> *Hinterpommern! Puttkamerun!! – – Schon bei dem bloßen Gedanken an diese etwas verrufene Ecke unseres lieben deutschen Vaterlandes wird's einem so merkwürdig „östlich“ zumute. Es ist, als wenn heute noch ein Hauch des Mittelalters über die pommerschen Flachfelder weht. Ein Adelssitz am andern, Rittergut an Rittergut; Stammschlösser und Tagelöhnerkaten, Herrenmenschen und Heloten. Von Zeit zu Zeit ein mehr oder minder in der Kultur zurückgebliebenes Bauerndorf, und in respektvoller Entfernung voneinander die kleinen industriearmen Landstädtchen mit ihren Ackerbürgern, Kleinhandwerkern und – Honoratioren. So präsentiert sich uns das Land der Herrn von Puttkamer, v. Köller, v. Zitzewitz, v. Bonin, v. Waldow, v. Kamecke, v. Glasenapp und wie die alteingesessenen blaublütigen Herrschaften alle heißen mögen. Und diese Gegend ist meine Heimat.*

Im Übrigen wurde in Pommern tatsächlich fast ausschließlich deutsch gesprochen. Auch in Schlesien war der polnische und tschechische Bevölkerungsanteil gering: 1885 lebten dort 825 000 Polen und 55 000 Tschechen, bei über 4 100 000 Einwohnern der gesamten Provinz. In der Provinz Posen wiederum war die Mehrzahl der gut 1 700 000 Einwohner polnisch, mit 880 000 Polen und 725 000 Deutschen – auch diese Zahlen sind ein Resultat der unterschiedlichen historischen Entwicklungen der Provinzen.

Unser großbürgerliches Ehepaar findet unterdessen jenseits der Oder genügend touristische Anziehungspunkte wie z. B. in den Städten Breslau (heute

Der Anker fiel. In rof'gen Gluten
Flammt leuchtend auf der Horizont.
Lichtströme blendend niederfluten,
Und alle Fernen sind durchsonnt.

Zur alten Weltenbühne wieder,
Lächelnd – im goldnen Lurleihaar –
Als Deputantin stieg hernieder,
Thaufrisch und jung, ein neues Jahr.

Es kommt im hoffnungsgrünen Kleide,
Von Seide rauschend, her als Gast;
Weiß nichts von Not und nichts von Leide
Und all' dem traurigen Balläst.

Vom Himmelsflug verträumt – verwundert,
Schaut lächelnd es uns ins Gesicht,
Ein junges, strahlendes Jahrhundert –
Was es uns bringt? – wir wissen's nicht!

Es lacht. – Und übers Netzwerk klettern
Und aus der Gondel quillt hervor
Ein ganzer Schwarm von lust'gen Göttern –
Voran vor allen: Schalk Humor.

Was du auch bringst – hast du nur diesen,
Im Schellenkäppchen, zum Geleit –
Dann sei willkommen! – sei gepriesen –!
Das vollste Glas sei dir geweiht!

Hoch 1900! – meerversunken
Sei, was uns je den Sinn vergällt –
Im sel'gen Taumel, – hoffnungstrunken
Jauchzt zu dir auf die ganze Welt.

T. Resa.

Ein Gedicht von T. Resa auf das neue Jahrhundert in den Meggendorfer Blättern kurz nach dem Jahreswechsel 1900

Dieser Holzstich nach einer Zeichnung von Wilhelm Gause um 1895 illustriert das „Weihnachtstreiben auf dem Bahnhof".

Wrocław), Danzig (heute Gdańsk) oder Königsberg (heute russ. Kaliningrad), wo sich unsere vornehme Dame vermutlich am meisten für den dort hergestellten Bernsteinschmuck interessiert. Von Königsberg braucht es dank der gesegneten Erfindung der Eisenbahn kaum mehr als 20 Stunden, um wieder gesund und munter in Berlin anzukommen. Und da der Herr mit Zylinder und seine vornehme Frau großes Interesse für die technischen Errungenschaften ihrer Zeit haben, können sie der versammelten Abendgesellschaft in ihrem Salon bereits Fotografien ihrer Reise präsentieren. Für uns heutige Betrachter sind sie Zeugnis von Landschaften und Städten vor über 100 Jahren – einer Zeit im Umbruch, geprägt von Fortschrittsoptimismus und Skepsis zugleich vor dem, was da kommen sollte im 20. Jahrhundert.

Amateurfotografin mit Kamera, Belichtungstabelle und Trockenplatten, hier auf einem Holzstich um 1890

»1«

»2«

»3«

» 4 «

» 5 «

» 1 «
Stadtansicht von Hirschberg (Jelenia Góra) am Fuß des Riesengebirges (Niederschlesien)

» 2 «
Hermsdorf, ein Vorort von Hirschberg

» 3 «
Schloss Erdmannsdorf in Zillerthal-Erdmannsdorf (Mysłakowice) bei Hirschberg

» 4 «
Blick auf Agnetendorf (Jagniątków) bei Hirschberg im Riesengebirge

» 5 «
Ansicht von Krummhübel (Karpacz) im Riesengebirge mit Blick auf die Schneekoppe

» 1 «

» 2 «

» 3 «

» 1 «
Blick auf Krummhübel

» 2 «
Die Kirche Wang in Krummhübel ist ursprünglich eine mittelalterliche norwegische Stabholzkirche, die von Friedrich Wilhelm IV. erworben und 1842–44 in Schlesien wieder aufgebaut wurde.

» 3 «
Baude, meteorologisches Observatorium und Kapelle auf der Schneekoppe (Góra Śnieżka) im Riesengebirge, direkt an der Grenze zu Österreich (heute an der tschechischen Grenze)

» 4 «

» 5 «

» 6 «

» 4 «
Das Rathaus in Breslau (Wrocław)

» 5 «
Blick in die Schweidnitzer Straße (ulica Świdnicka) in Breslau

» 6 «
Denkmal Kaiser Wilhelms I. in Breslau

»1«

»2«

»3«

»4«

»5«

»6«

»1«
Blick von der Sandinsel (Wyspa Piasek) auf Dombrücke und Breslauer Kreuzkirche

»2«
Blick über die Oder auf die Sandinsel mit Sandkirche (links) und die Dominsel mit der Kreuzkirche und dem Dom (rechts)

»3«
Die Nordseite des Großen Rings (Rynek) in Breslau, auch Naschmarkt genannt, mit Blick auf den Turm der Elisabethkirche

»4«
Die Südseite des Rings mit Blick nach Nordwesten auf das Denkmal Friedrich Wilhelms III., das Stadthaus und den Turm der Elisabethkirche

»5«
Das Breslauer Rathaus

»6«
Blick auf die Universitätsbrücke, dahinter (v. l. n. r.) Kreuzkirche, Sandkirche und Dom

» 1 «

» 2 «

» 3 «

» 4 «

» 5 «

» 1 «
Stadtansicht von Posen (Poznań)

» 2 «
Altstädtischer Ring (Stary Rynek) und Rathaus in Posen

» 3 «
Der Wilhelmplatz (plac Wolności) mit Theater in Posen

» 4 «
Ansicht der Christuskirche in Bromberg (Bydgoszcz)

» 5 «
Garnisonskirche in Bromberg

»1«

»2«

»3«

» 4 «

» 5 «

» 1 «
St. Paulskirche auf dem Weltzinplatz (Plac Wolności) in Bromberg

» 2 «
Der Hafen in Stettin (Szczecin)

» 3 «
Der Stettiner Hafen mit der Baumbrücke im Hintergrund

» 4 «
Stettiner Dampfschiff-Bollwerk

» 5 «
Das Berliner Tor in Stettin, ehemals ein Stadttor der Festung Stettin

» 1 «

» 2 «

» 3 «

» 1 «
Blick auf die Hansabrücke (Most Długi) und die dahinter liegende Stettiner Altstadt und die Jakobskathedrale

» 2 «
Stadtansicht von Swinemünde (Świnoujście) zwischen Stettiner Haff und Ostsee

» 3 «
Blick auf das Hotel Drei Kronen, das Rathaus und das Hotel Prusse in Swinemünde

» 4 «

» 5 «

» 6 «

» 4 «
Leuchtturm in Swinemünde

» 5 «
Blick auf das 1860 erbaute Kurhaus in Misdroy (Międzyzdroje) auf der Insel Wolin östlich von Swinemünde

» 6 «
Strandleben und Strandhotel in Misdroy

»1«

»2«

»3«

»4«

» 5 «

» 6 «

» 7 «

» 1 «
Blick auf den Strand und das Hotel Victoria in Misdroy

» 2 «
Strandleben und Park in Kolberg (Kołobrzeg) in Hinterpommern

» 3 «
Strandschloss und Seebrücke in Kolberg

» 4 «
Teilansicht des Kolberger Hafens mit Strandhotel und Lotsenhaus

» 5 «
Der Dampfer „Sequens" bei der Einfahrt in den Kolberger Hafen

» 6 «
Blick auf das 1899 erbaute Strandschloss (im Zweiten Weltkrieg zerstört und 1968 abgerissen) und den Rosengarten in Kolberg

» 7 «
Stadtansicht von Kolberg

» 1 «

» 2 «

» 3 «

» 1 «
Ansicht des Ostseebads Stolpmünde (Ustka)

» 2 «
Seesteg des Ostseebads Zoppot (Sopot) bei Danzig (Gdańsk) in Westpreußen

» 3 «
Blick von der Landungsbrücke auf das Ostseebad Zoppot

» 4 «

» 5 «

» 6 «

» 4 «
Blick auf Kurgarten und Landungsbrücke in Zoppot

» 5 «
Das Kurhaus in Zoppot

» 6 «
Ansicht des Ostseebads Zoppot

»1«

»2«

»3«

» 4 «

» 5 «

» 1 «
Blick auf den Hafenkai „Lange Brücke“ und das Krantor in Danzig (Gdańsk)

» 2 «
Blick von der Grünen Brücke (Zielony Most) auf die Mottlau, den Hafenkai und das Krantor im Hintergrund

» 3 «
Ansicht der Jopengasse (ulica Piwna) mit Blick auf den Turm der Marienkirche, die größte Backsteinkirche der Welt

» 4 «
Der Lange Markt (Długi Targ), das Rathaus und die Marienkirche im Hintergrund

» 5 «
Der Artushof (Dwór Artusa) mit dem Neptunbrunnen auf dem Langen Markt

»1«

»2«

»3«

» 4 «

» 5 «

» 1 «
Ansicht der Frauengasse (ulica Mariacka) mit Blick auf die Marienkirche

» 2 «
Blick von Westen über den Nogat auf die Marienburg (Malbork), ehemals Burg des Deutschen Ordens, bei Danzig

» 3 «
Das Hochschloss der Marienburg mit Schlosskirche und einer acht Meter hohen Marienplastik, von Osten aus gesehen

» 4 «
Die 1870–75 erbaute Alte Börse in Königsberg (Kaliningrad) in Ostpreußen

» 5 «
Universität und Königsgarten in Königsberg

» 6 «
Blick von der Krämerbrücke (Esatakadnyy Most) auf den Oberen Pregel mit dem Unteren Fischmarkt links und dem Kohlmarkt rechts

»1«

»2«

»3«

» 4 «

» 5 «

» 6 «

» 1 «
Das Königsberger Schloss, vom Süden her gesehen

» 2 «
Ostseite des Königsberger Schlosses (die Ruine wurde 1968 gesprengt)

» 3 «
Am Schlossteich in Königsberg

» 4 «
Südseite des Schlossteiches in Königsberg

» 5 «
Ostseestrand bei Warnicken (Lesnoje) in der Nähe von Königsberg

» 6 «
Strandpromenade in Cranz (Selenogradsk) bei Königsberg

REGISTER